KB160104

안 되겠다, 내 마음 좀 들여다봐야겠다

# 안 되겠다, 내 마음 좀 들여다봐야겠다

**초판 1쇄 발행** 2016년 11월 10일
**초판 7쇄 발행** 2023년 8월 30일

**지은이** 용수
**펴낸이** 이수미
**기획** 김영란
**책임편집** 김연희
**교정교열** 이혜숙
**일러스트** 라라
**디자인** [★]규
**마케팅** 김영란

**출력** 국제피알
**종이** 세종페이퍼
**인쇄** 두성피엔엘
**유통** 신영북스

**펴낸곳** 나무를 심는 사람들
**출판신고** 2013년 1월 7일 제2013-000004호
**주소** 서울시 용산구 서빙고로 35, 103동 804호
**전화** 02-3141-2233 **팩스** 02-3141-2257
**이메일** nasimsabooks@naver.com
**블로그** blog.naver.com/nasimsabooks

용수, 김영란 ⓒ 2016
**ISBN** 979-11-86361-31-3  03100

이 책은 저작권법에 따라 보호받는 저작물이므로 무단전재와 무단복제를 금지하며,
이 책 내용의 전부 또는 일부를 이용하려면 반드시 저작권자와
나무를 심는 사람들의 서면 동의를 받아야 합니다.

• 책값은 뒤표지에 있습니다. 잘못된 책은 바꾸어 드립니다.

# 안 되겠다, 내 마음 좀 들여다봐야겠다

용수 지음

나무를 심는 사람들

# 렛고, 친절한 깨어 있음

살면서 겪는 많은 문제들을 가만히 살펴보면 마음이 일으킨다고 할 수 있어요. 그래서 마음을 닦으면 많은 문제들이 풀리고 좋아진다고 합니다. 마음은 가장 좋은 친구도 될 수 있고, 가장 고통스러운 원수도 될 수 있습니다. 여러분의 마음은 지금 좋은 친구인가요, 아니면 고통을 만드는 원수인가요?

마음이 잘하는 것이 두 가지가 있습니다. 첫째는 '좋은 것은 끌어당기고 싫은 것은 밀어내는 것'입니다. 좋은 것은 끌어당기고 싫은 것은 밀어내는 이유는 누구나 고통을 싫어하고 행복을 원하기 때문입니다. 둘째는 '작은 일을 크게 키우고, 없는 것을 만들어 내는 것'입니다. 처음에는 별거 아닌 일이었는데 눈덩이처럼 크게 키우거나, 아무 일도 일어나지 않았는데 마치 실제 일어난 일처럼 만들어 내는 것입니다.

그런데 분명히 마음이 하자는 대로 했는데 끊임없이 고통과 번뇌가 되풀이되고 있습니다. 왜 그럴까요? 바로 매 순간 일어나는 생각과 감정을 처리하는 마음의 습관 때문입니다. 우리가 어떤 일을 오래 하다 보면 습관이 생겨 애쓰지 않아도 능숙하게 잘하게 되듯이 마음도 습관이 있습니다. 어떤 감정이나 생각, 사람, 행위 들을 맞닥뜨리면 컴퓨터 프로그램이 자동으로 돌아가듯이 마음이 특정한 방향으로 작동하기 시작하는 것입니다. 저는 이것을 마음습관이라고 부릅니다.

살면서 좋은 습관을 길렀다면 힘도 덜 들고 좀 더 편하게 지낼 수 있고 행복하겠지요. 흔히 사람들은 새해만 되면 자신을 힘들게 했던 습관을 버리고 건강해지거나 행복해지는 새로운 습관을 갖겠다고 다짐합니다. 그런데 작심삼일이란 말처럼 새로운 습관을 들이기가 쉽지 않습니다.

진정으로 행복해지기를 바란다면 먼저 어떤 마음습관이 있는지, 마음습관을 어떻게 바꿀 수 있는지 호기심을 가지고 알아보기 바랍니다. 이 책에서는 여섯 가지 마음습관을 이야기하고 있는데, 이보다 훨씬 더 많다고 하는 사람도 있을 것이고 적다고 하는 사람도 있을 겁니다. 하지만 우리가 느끼는 고통과 행복은 이 여섯 가지 마음습관과 아주 깊은 관계가 있습니다.

그러나 걱정으로 더 불행해지지 마십시오. 늘 되풀이해서

안 되겠다, 내 마음 좀 들여다봐야겠다

버릇이 되어 버린 마음습관도 알면 벗어날 수 있습니다. 이것이 깨어 있음의 힘입니다. 우리는 나쁜 사람이라서 고통을 받는 것이 아니라 마음을 행복하게 하는 법을 몰라서 고통을 받습니다. 잘 모르는 것, 이것이 우리의 유일한 죄입니다. 마음을 볼 줄 모르는 것, 마음습관을 모르는 것, 무한하게 자비롭고 지혜로운 영성(본성)을 모르는 것. 우리는 잘 몰라서 고통받고 있습니다. 모르는 것이 유일한 죄라면 알아 가는 것이 해결책입니다. 알게 되면 자유롭습니다.

불교의 핵심은 무집착이라고 할 수 있는데 고통의 원인은 집착 곧 강박증이라고 할 수 있습니다. 예전에 저는 '나는 이래야 된다', '삶이 이래야 된다'는 그림을 그렸습니다. 이 그림에 맞게 저와 제 삶을 조절하려고 했습니다. 그런데 불교를 만나 프랑스에서 4년 동안 집중적으로 수행을 하면서 제 은사스님이신 뻬마 왕겔 린포체님과 다른 많은 스승님들의 가르침을 받고 수행하면서 제 강박증을 많이 놓을 수 있게 되었습니다.

은사스님께서 가장 자주, 가장 많이 말씀해 주신 단어가 하나 있습니다. 'TRUST' 우리말로 '신뢰', '믿고 맡김'이라는 뜻입니다. 더 깊이 정의를 하면 '내맡김', '내려놓음', '완전히 믿고 맡김'을 의미합니다. 무엇을 믿고 맡기라는 말일까요? 무엇을 신뢰하라는 말일까요? 상대를 믿고, 자신을 믿고, 우주를 믿고, 완전히 맡기라는 말입니다. 수행하면서 제가 가장 부족했던 것이 바로 'TRUST'였음을 알게 되었습니다. 이것이 바로 제가 구도의 길을 가며 얻은 정말 소중한 결실입니다.

티베트 불교의 명상은 참 친절하고 부드럽고 자연스럽고 효율적입니다. 가장 혜택을 많이 받은 사람이 제 자신입니다. 이 책에서 나오는 방법으로 오랜 세월 연습해서 드디어 내 안에서 조화롭고 평화롭게 지내는 법을 배웠습니다. 제 자신을 있는 그대로 받아들이고 어떤 경험도 거부하지 않고 친절하게 깨어 있을 수 있는 용기를 찾았습니다. 알아차림과 자비 명상으로 급진적인 삶의 변화를 보게 된 것입니다.

티베트 명상(렛고 명상)에서는 먼 미래에 행복을 찾는 것보다 지금 이 순간 이미 행복하고 평화롭고 자비롭고 친절한 자신의 모습을 알아보는 것을 강조합니다. 자신을 바꾸는 것이 아니라 자신의 좋은 점, 안 좋은 점, 밝은 면, 어두운 면에 친절하게 깨어 있으면서 받아들이는 것입니다. 저도 여전히 번뇌와 안 좋은 습관이 많습니다. 하지만 제 삶에 만족하며 나와 남과 환경에 대해 불만 없이 조화롭게 지냅니다. 이렇듯 친절하게 깨어 있으면 자연스럽게 좋지 않은 습관에서 벗어나게 됩니다. 이것이 렛고, 친절한 깨어 있음의 힘입니다.

저는 복이 많은 사람입니다. 생명을 주신 부모님이 계셨고

안 되겠다. 내 마음 좀 들여다봐야겠다

변치 않는 궁극의 행복에 이르는 길을 보여 주신 법의 부모님도 계십니다. 영성의 아버지는 달라이라마 존자님이시고 어머니는 제 은사스님 뻬마 왕겔 린포체님이십니다. 또한 명상을 가르쳐 주신 밍규르 린포체님 덕분에 알아차림을 기르고 이 책을 쓰게 되었습니다. 이 책의 내용은 모두 제 스승님들께 받은 가르침입니다. 제 삶의 모든 복은 이분들 덕분입니다.

이 책을 쓰는 데 큰 도움을 주신 존경하는 나무여성인권상담소의 김영란 소장님과 글을 잘 다듬어 주신 제 소중한 친구 이혜숙 님과 좋은 책으로 만들어 주신 김연희 편집자님, 이 세 분께 진심으로 감사드립니다.

가을 하늘의 예술을 보면서

용수 ing

## 명상을 권하다

## ② 나에게 맞는 명상을 찾는다

1부

# 더 다치기 전에
# 마음 들여다보기

# 화를 내거나
# 꾹 참는 마음습관

화가 날 때가 있습니다. 예를 들면 차분히 순서를 기다리고 있는데 누가 새치기를 한다거나, 길을 걸어가는데 누군가 툭 치고는 사과도 하지 않고 지나가면 화가 납니다. 물론 아주 크게 화가 나는 일은 아닙니다. 오히려 사소해서 누군가에게 말하기도 민망하지요. 하지만 폭력이나 사기를 당하거나 믿었던 사람이 배신해서 병이 날 만큼 화가 날 때도 많습니다. 우리는 화를 내기에는 민망한 사소한 일부터 누구나 고개를 끄덕거릴 정도로 분노할 만한 일을 겪으며 살아갑니다. 시간을 두고 그 일을 곱씹으면 점점 화가 커져 갑니다. 쌀은 씹을수록 고소하지만, 화는 곱씹을수록 커집니다.

## 화가 주인 된 삶

이렇게 화가 날 때 어떻게 대처하나요? 보통 사람들은 화가 나는 상황에서 두 가지로 반응합니다. 한 가지는 화를 내는 것이고 또 한 가지는 화를 참습니다. 화가 주인이 되고 자신은 그 화의 노예가 되어 휘둘리거나 반대로 적으로 여기고 저항하는 것입니다. 극단적인 두 가지 방법 말고는 화를 다스릴 다른 방도는 없어 보입니다. 그런데 이 두 가지 방식으로 화를 대해 왔기 때문에 화내는 습관이 커진 것입니다.

화를 내거나 화를 참는 방식은 일시적일 뿐입니다. 물론 화를 내고 나면 아주 잠깐 동안은 화를 푼 것 같지만 실제 화가 일어나게 된 원인을 해결하거나 없앤 것은 아닙니다. 이런 방식으로 거칠게 판단하고 반응하면 관계가 악화되거나 일을 망칠 수도 있어요. 오히려 더 큰 화를 불러오게 되는 거지요.

사랑해서 결혼한 부부, 연인, 부모 자식 사이에도 화 때문에 서로 상처 입히고 갈등이 일어납니다. 화를 내거나 화를 참는 방식 때문이지요. 화를 내는 사람들은 소리를 지르거나 상처를 주는 말이나 욕설을 하기도 하고 심지어 아이들이 보는 앞에서 무섭게 화를 내기도 하고 생명에 위협을 느낄 정도로 심각하게 폭력을 쓰기도 합니다. 이렇게 화를 내는 것이 습관이 되어 되풀이 되면 작은 일에도 쉽게 화를 내게 됩니다. 그런 사람은 화를 안 내고 있을 때도 표정이나 태도가 화난 사람처럼 보입니다. 화 잘 내는 사람이 늙으면 얼굴이 사나워지지요.

다른 사람에게 화내고 싶은데, 자신에게 돌리거나 아예 아무 말도 하지 않는 방식으로 화를 내는 사람도 있습니다. 화를 내면 좋은 인간관계를 유지하기 어렵고 좋은 평판을 얻기 어려우니까 참는 것이 미덕이라고 생각하기 때문입니다. 화를 내는 것이 참는 것보다 불리하다 보니, 부당한 일을 당해도 자신의 감정을 억압하고 화를 참는 사람이 참 많습니다. 지나치게 화를 참다 보면 정신적인 문제도 생깁니다.

우리나라 사람들 가운데 화병 있는 분들이 많다고 합니다. 화병은 한국 사회의 특성이 잘 나타나는 병 같습니다. 얼마나 억지로 참았으면 이런 병이 생길까요? 미국정신의학회에도 '화병'이라는 우리말이 그대로 올라 있다고 하더군요. 얼마 전에 화병인지 아닌지 스스로 확인해 볼 수 있는 스무 가지 증상을 읽어본 적이 있는데, 아, 화병이 이렇게까지 힘들게 하는구나 싶어 저도 깜짝 놀랐습니다. 가슴이 두근거릴 뿐만 아니라 통증도 느껴지고 모든 게 귀찮고 의욕이 없고 갑자기 사람들이 미워지고 싸우고 싶어지는 증상이 나타난다는데 이 정도면 일상생활을 하기도 힘이 들겠구나 싶었습니다.

화를 내는 것도 위험하지만 화를 참는 것도 위험합니다. 물

화의 노예가
되거나
적으로
여기고
저항
하거나
그런데
정말

그 방법
밖에
없을까요

We are the slave of anger, or we suppress anger.
But couldn't there be another way to deal with anger?

질세계에서 무엇을 억누르면 폭발할 수 있듯이 마음도 마찬가지입니다.

이제 다른 방식으로 화를 대하면 어떨까요? 제가 스승님들한테 배운 방식은 화를 그저 바라보는 것입니다. 화가 일어나는 그 마음과 싸우지도 않고, 화가 일어나는 마음을 따라가지도 않고, 일정한 거리를 두고 일어나는 화를 바라보는 것입니다. 더좋은 방법은 화를 환영하고 친구가 되는 것입니다.

'아, 도대체 언제까지 줄을 서야 하는 거야? 짜증 나.'

화가 날 때, 그 화를 있는 그대로 두고 그저 바라봅니다. 담담하게 보는 것입니다.

'진짜 귀찮아.'

그저 바라봅니다. '짜증 나, 귀찮아' 하는 생각들이 일어났다가 사라지고 다시 일어났다가 사라지는 것을 그저 지켜봅니다. 짜증이나 화와 함께 일어나는 이러한 생각을 담담하게 허용합니다. 일어났다 사라지는 무상함을 그저 바라봅니다. 순간적으로 일어났다가 다시 사라지는 것을 바라보는 것은 화가 우리를 다스리는 것이 아니라 우리가 화를 다스리는 가장 간단한 방법입니다.

안 되겠다, 내 마음 좀 들여다봐야겠다

## 화를 바라보기, 렛고

화가 났을 때, 화 때문에 일어났던 생각이나 반응을 한번 떠올려 보세요. 그리고 어떤 감정들이 뒤따라왔는지, 몸에서는 어떤 반응이 일어났는지 기억해 보세요. 화가 날 때 같이 오는 것이 몸의 반응입니다. 사람마다 다르지만 열이 나고 떨리고 숨이 가빠집니다. 거친 생각이 올라옵니다. 화를 내는 습관은 몸에 반응을 일으키고, 생각이 일어나게 합니다. 상대를 원망하고 미워하는 마음으로 가득 차서 자신이 무슨 말을 하는지도 모르고 화를 냅니다.

화가 난 상태를 가만히 지켜보세요. 그저 바라보라는 말이 좀 막연하게 들릴 수 있습니다. 하늘을 떠올려 보세요. 하늘은 늘 그 자리에 있습니다. 낮에도 밤에도 늘 하늘은 있습니다. 어느 날은 구름 한 점 없고, 어느 날은 솜뭉치 같은 구름이 몇 점 있기도 합니다. 뭉게구름이든 먹구름이든 하늘은 구름을 막거나 억지로 보내지 않습니다. 그저 구름이 오고 가도록 허용합니다. 우리도 우리에게 일어나는 분노와 그에 따른 거친 생각들이 오고 가는 것을 가만히 바라보는 것입니다. 이것을 렛고(Let go)라고 합니다. 잠시 내려놓고 가만히 지켜보는 것입니다. 렛고를 하면 우리 마음도 홀가분해지고 차분해지고 고요해집니다. 가만히 바라보는 것을 계속할수록 내면의 평화와 힘이 길러집니다. 깊고 깊은 뿌듯함과 행복을 경험하게 됩니다. 우리를 괴롭히는 분노와 증오가 우리를 더 이상 괴롭히지 않게 됩니다.

사실 화가 났을 때 화의 자연적인 수명은 90초밖에 안 된다고 합니다. 소나기가 지나가듯, 구름이 걷히듯 화도 지나갑니다. 물론 소나기가 세게 내릴 때는 집이 흔들리고 무서운 마음이 들기도 합니다. 강한 분노가 일어날 때는 화가 무섭게 느껴지기도 합니다. 하지만 모든 자연현상처럼 화 역시 같은 모습으로 계속 유지되지 않고 지나갑니다. 분노가 일어나면 분노가 일어나는 생각을 막지도 않고 따라가지도 않습니다. 소나기가 지나가듯 화라는 감정도 지나가도록 허용합니다. 그저 지켜봅니다.

그런데 그 생각을 붙잡으면 문제가 생깁니다. 생각을 붙잡는다는 것은 그 생각에 따라가는 것입니다. '정말 화가 나, 나는 늘 이랬어, 도대체 왜 이럴까' 하며 끊임없이 생각을 이어 가며 화를 키웁니다. 미워하는 마음이 새로 생기거나 자기 자신이 한없이 초라하게 느껴지기도 합니다. 일어나는 생각을 따라 말까지 뱉어 버리면 그 생각이 더욱 굳어지게 됩니다. 말을 내뱉으면 돌이킬 수 없는 과거의 일부가 되어 버립니다.

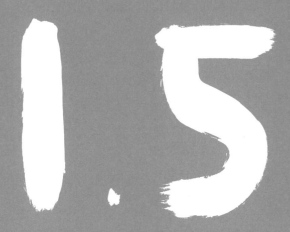

'최악의 날'에서 '그래도 괜찮은데'까지
1.5초쯤 걸립니다. 이 하루를 포기하지 마세요.
감정에 빠지지 마세요.

## 화를 분명히 보고 있는데
## 왜 사라지지 않지?

화가 일어날 때 그저 바라본다고 해도 화가 사라지지 않고 계속 남아서 힘들다는 이야기를 듣곤 합니다. 명상을 배우더라도 삶에 적용하기가 어렵다고 합니다. 저도 오래전에 어떤 분과 갈등이 생겨서 화가 난 적이 있습니다. 분노를 알아차리는 법을 배웠는데도 그 화가 사라지질 않는 거예요. 생각도 보이고, 깨어 있는데 왜 화가 사라지지 않지? 티베트의 명상 스승이신 밍규르 린포체(티베트 말로 '소중한 이'라는 뜻인데, 큰 스승을 말합니다. 전생에 깨우친 분이 환생하면 린포체라고 합니다.)님께 여쭤 보았습니다.

밍규르 린포체님은 어떻게 수행해야 하는지 가르쳐 주신 명상의 스승이십니다. 제 스스로 하는 수행과 사람들에게 알려 주는 수행의 대부분은 린포체님께 배웠습니다. 그분이 아니었다면 저는 지금 이 모습이 아니었을 것입니다. 아마 수행도 어렵게 하고 있지 않을까 싶습니다. 물론 그분을 뵙기 전에도 수행을 했지만 사실 명상이 뭔지, 어떻게 하는지 잘 잡히지 않았습니다. 그런데 그분에게 명상법을 배우면서 명상이 무엇인지 바로 알게 되었습니다. 조건 없는 자유, 조건 없는 환희심을 정말 많이 경험했습니다.

밍규르 린포체님은 2002년 미국 위스콘신대 와이즈먼 뇌

신경연구소가 주관한 실험에 참여해 명상 수행이 뇌세포에 놀라운 영향을 미친다는 사실을 자기공명영상(MRI) 촬영에서 증명해 보여 '지구에서 가장 행복한 사람'이라는 별칭을 받은 분입니다. 그분을 만나 배웠기에 저는 '한국에서 가장 행복한 사람'이라고 생각했습니다.

"화를 분명히 보고 있는데 왜 사라지지 않을까요?" 이렇게 질문을 하자 린포체님께서는 "분노가 없기를 바라는 마음이 분노를 잡고 있었다. 그 마음을 알아차리면 분노가 힘이 없어진다"고 말씀하셨습니다. 아하! 화가 없어지기를 바라는 마음, 기대하는 마음이 있었기에 화가 가라앉지 않았구나!

우리는 화, 슬픔, 두려움과 같은 부정적인 감정이 올라오는 것을 싫어하는 마음이 있습니다. 내 인생에 부정적인 감정이 없기를 바랍니다. 두려움이 있을 때 두려움이 없어지기를 바라는 마음이 두려움을 못 견디게 합니다. 그런데 이 마음은 슬픔이나 두려움 밑에 있기 때문에 알아차리는 게 어려울 수 있습니다. 없어지기를 바라는 마음 때문에 감정을 있는 그대로 바라보지 못하는 것을 알아차리면 놓아집니다.

알아차리는데도 계속 화가 나는 또 다른 이유가 있습니다. "화가 난다는 것을 알아차리고 있는데 화가 납니다. 너무 화가 나서 결국 크게 화를 냈습니다"라는 이야기도 꽤 자주 듣습니다. 왜 그럴까요? 그것은 화를 내는 것이 아주 강한 습관이기 때문입니다. 엄청난 분노가 일어난다고 해 보세요. 마음이 크게 올라올 때 알아차리려고 하면 어떻게 되나요? 잘 알아차리기가 어렵습니다. 알아차린다고 하더라도 엄청난 습관을 알아차리는 힘은 적습니다. 감정과 생각의 힘이 너무 센 거예요.

날마다 생각과 감정을 바라보는 연습을 하더라도 오랫동안 화를 냈던 습관보다는 약합니다. 그래서 더 배워야 하고 더 연습해야 합니다. 화를 완전히 사라지게 할 수는 없지만 화를 알아차리는 힘을 기를수록 화 때문에 일어나는 감정의 영향을 덜 받을 수 있습니다.

크지 않은 화는 그저 바라보는 것으로 해결할 수 있습니다. 그러니 평소에 작은 화를 바라보는 것부터 연습해 보는 것이 좋습니다. 예를 들면 삐치는 것이나 짜증 같은 것 말이죠. 몸을 훈련하면 몸의 근육을 키울 수 있듯이 바라보는 연습을 하면 마음의 근육을 키울 수 있습니다. 연습하다 보면 어떤 감정이든 힘이 없어집니다. 작은 감정들을 알아차릴 수 있게 되면 알아차리는 힘이 더 커지고 나중에는 더 큰 감정도 잘 알아차리고 바라볼 수 있게 됩니다.

우리 마음의 본성은 무한한 하늘과 같다고 합니다. 일어나고 움직이고 사라지는 생각과 감정을 하늘에서 일어나는 것처럼 바라보세요. 감정의 본질이 구름처럼 아무것도 아니라는 것을 알게 됩니다. 그저 오고 가는 것을 허용하는 연습을 계속하세요. 꾸준한 연습은 분노와 증오가 우리를 더 이상 삼키지 못하게 합니다.

## 부정적인 감정이라는 꼬리표

삶의 대부분을 보내고 있는 가정이나 일터는 내면의 적인 번뇌나 감정이 가장 많이 일어나는 곳입니다. 어찌 보면 우리는 늘 전쟁터에서 내면의 적 때문에 고통스럽게 살아가고 있는 것과 같습니다.

사랑하는 사람과 있을 때도, 가족과 같이 있을 때도, 친구와 있을 때도 불쾌하고 불편하며 고통스러운 감정들이 일어납니다. 직장에서도 마찬가지입니다. 만약 직장에서 동료와 갈등이 있거나 승진, 보수, 업무 성과와 관련해서 괴로운 일이 있다면 어떨까요? 출근하기가 싫어지겠지요. 하지만 직장을 그만두는 것은 어렵습니다. 다른 일자리를 얻을 수 있을지도 막막하고 직장을 옮겨 다니면 평판이 좋지 않을까 봐 걱정이 되기도 합니다. 보기 싫은 사람을 만나고 하기 싫은 일을 해야 하는 직장이라면 그곳은 내 능력을 마음껏 펼치는 일터가 아니라 지옥이 따로 없다고 여겨질 것입니다. 당연히 두려움이나 불안, 불쾌감, 모멸감, 수치

심 같은 부정적인 감정으로 괴로울 것입니다.

행복을 추구하는 사람들은 평화로운 전사들과 같습니다. 군인이 전쟁터에서 적과 싸우듯이 우리는 단 한 가지, 바로 유일한 내면의 적과 싸워야 합니다. 군인이 전쟁터에 나가기 전에 칼과 총을 점검하고 조심스럽게 나가듯이 우리도 늘 깨어 있는 수행자처럼 준비와 점검이 필요합니다. 알아차림의 칼, 깨어 있음의 무기가 필요한 것이지요.

알아차림은 감정을 보고, 그 감정을 허용하고, 그것을 '나쁜 것이 아니다. 있어도 괜찮다' 하며 받아들이는 것입니다. 감정을 있는 그대로 오고 가도록 허용하면 감정은 무상하고 비어 있으며 실제 아무것도 아니라는 것을 알아차릴 수 있습니다. 아침 안개처럼 사라지는 것입니다.

안개는 실체가 없습니다. 안개는 무서운 것도 아닙니다. 이처럼 생각, 감정은 공한 것입니다. 이를 공성(空性)이라고 합니다. 공성은 아무것도 아니라는 뜻이 아니라 무엇이든 될 수 있는 가능성을 말합니다. 분노 자체는 좋지도 않고 나쁘지도 않습니다. 보통은 화를 내는 것은 좋지 않다고 말합니다. 하지만 위험한 행동을 하는 아이에게 화를 내는 것은 사랑의 마음입니다. 분노가 좋을 수도 있고 좋지 않을 수도 있는 것이지요. 절대적으로 좋고 절대적으로 나쁜 것은 없습니다.

분노와 같은 모든 감정은 절대적인 정체성이 없습니다. 모든 현상도 이와 같습니다. 절대적으로 이것이라고 정의할 수 없습니다. 이 없음을 공(空)이라고 표현합니다. 하지만 감정이 없지는 않지요. 없지는 않는 것을 성(性)이라고 합니다. 좋은 감정, 좋지 않은 감정 둘 다 꿈같은 공성에서 일어나는 것인데 우리는 너무 거기에 매달려 살고 있어요.

새해가 되거나 생일을 맞이한 사람에게 "늘 행복하세요. 즐거운 일만 가득하세요" 하며 축하 인사를 합니다. 스스로도 긍정적인 일만 일어나고 부정적인 일은 일어나지 않기를 바랍니다. 우리는 화, 슬픔, 우울 같은 부정적인 것들은 되도록 멀리 하려고 하고 사랑, 행복, 자비와 같은 긍정적인 것들은 좋은 것으로 생각하고 끌어들이려 합니다. 하지만 생로병사를 겪을 수밖에 없는 인간에게 분노나 슬픔 같은 부정적인 감정은 피하려야 피할 수 없는 것들입니다.

누구도 이런 감정을 겪지 않을 수 없으며 누구도 이 감정에서 자유로울 수 없습니다. 이것이 바로 평소에 부정적인 감정을 어떻게 맞이할 것인지 연습해야 하는 이유입니다. 부정적인 감정이 불쑥 우리를 찾아오기 전에 그 감정들을 어떻게 맞이할지 연습해야 합니다. 어떤 사람과 자주 갈등을 겪는다면 그 사람을 만나기 전에는 부정적인 감정이 일어날 수도 있다고 생각하며 조심스러운 태도로 만나는 것이 감정을 맞이하는 준비라고 할 수 있습니다.

화 말고도 부정적인 감정이라고 여겨지는 것들이 많습니다. 어떤 감정은 절대적으로 좋은 것이고 어떤 감정은 절대적으로 나쁘다고 구분할 수 없습니다. 슬픈 상황에서는 슬픈 감정이 있어야 합니다. 슬픈 상황인데 즐겁고 기쁜 감정이 든다면 그것이야말로 문제가 있는 것이지요. 각각의 감정은 온전하며 꼭 필요한 것들입니다. 다만 긍정적인 감정 혹은 부정적인 감정이라고 이름 붙이고 구분할 뿐입니다. 이를 분명히 알아야 합니다.

감정이 오기 전에 미리 기다렸다고 하더라도 옛날과 똑같이 반응하는 것은 과거의 습관이 아직도 강하게 남아 있기 때문입니다. 알아차림보다 더 자주, 더 많이 감정에 빠지는 습관이 남아 있는 것이지요. 그래서 미리 준비를 하지 않으면 배웠다 하더라도 완전히 잊어버리는 경우도 있습니다.

면접시험을 보러 가서 바짝 긴장을 하듯, 집에 귀한 손님을 맞이할 때 꼼꼼히 집 안을 챙기면서 정성스럽게 맞이하듯, 전쟁터에서 군인이 총을 놓지 않듯이 알아차림의 무기를 들고 정신을 차려야 합니다. 그렇지 않으면 명상을 배워도 금방 감정에 휩쓸릴 수 있습니다.

부정적인 감정이 일어나지 않기를 바라지 마세요. 부정적인 감정도 혜택이 있다는 것을 생각하세요. 감정이 강할수록 우리를 크게 변화시킬 수 있습니다. 큰 화나 큰 슬픔, 큰 좌절이 왔을 때 잘 알아차리면 자신을 더 잘 받아들일 수 있고 마음습관도

슬픈 상황에서는
슬픈 감정이 있어야
합니다. 슬픈 상황인데
즐겁고 기쁜 감정이
든다면 그것이야말로
문제가 있는 것이지요.

바꿀 수 있습니다. 삶이 고단하고 불편하고 상대에 대해 불만이 생겼을 때 감정을 허용하는 것, 이 모든 것은 감정이 오기 전에 준비를 해야만 가능합니다.

## ● 부정적 감정을 대치하는
## 자애심

최근에 한국인의 50%가 분노 조절 장애를 겪고 있다는 조사 결과를 본 적이 있습니다. 평소 분노를 조절하지 못해 자신과 관계없는 사람을 위협하는 일들도 일어납니다. 화, 분노, 증오, 미움, 시기, 질투 같은 감정을 조절하는 게 그만큼 어렵다는 거겠지요.

불꽃 원리를 아세요? 큰불도 작은 스파크에서 시작합니다. 처음에는 끄기 쉬운 불꽃이었는데 모든 것을 다 태울 수 있을 만큼 큰불이 될 수도 있습니다. 분노와 증오심이 일어나는 순간을 불꽃에 비유할 수 있어요. 그냥 두면 어떻게 될까요? 집을 다 태울 수 있고 사람도 다치게 할 수 있습니다. 증오와 분노의 생각을 키우면 감당할 수 없습니다. 그 원한이 평생 갈 수도 있고, 이 생만 아니라 미래 생까지도 갈 수 있습니다.

분노를 여름날 소나기에 비유하기도 합니다. 먹구름이 드리운 날 소나기가 거세게 내릴 때는 굉장히 무섭습니다. 순식간에 옷이 젖고 땅이 파이고 강물이 넘칠 때는 큰 사고가 나지 않을까 걱정이 됩니다. 그런데 소나기가 지나가기를 기다려 보세요. 소나기가 그치고 나면 아무렇지 않습니다. 소나기가 지나가기를 기다렸던 것처럼 분노도 붙잡지 않고 인내를 가지고 기다려 보는 것입니다. 분노가 일어날 때는 상대방이 보이지 않습니다. 뭔가 상처가 될 만한 한마디를 하고 싶고 내 마음이 풀어질 만한 행동을 하고 싶은 유혹이 강하게 일어납니다. 어떤 이는 그것을 조절하지 못해 소리를 지르거나 욕설을 하거나 폭력적인 행동으로 표현하기도 합니다. 분노는 좋지 않은 상황이 일어날 조건을 만들고, 모든 것을 망칩니다.

분노에 대해 이런 말이 있습니다. 천겁 동안 부처님께 공양 올리고 여러 가지 공덕을 쌓은 업이 분노하는 한순간에 사라진다는 것입니다. 그래서 어떤 수행보다 높은 수행이 인내입니다. 인내는 참고 억누르는 것이 아닙니다. 분노를 키우지 않는 것입니다. 분노의 강력한 유혹에 넘어가지 않는 것입니다. 명상으로 분노를 지나가게 하는 것이 인내심의 참뜻입니다.

분노는 상대가 고통스럽기를 바라는 마음입니다. 분노가 너무 강하게 올라올 때는 바라보기도 어렵고 대치법을 쓰기도 어렵습니다. 그만큼 힘이 있는 번뇌거든요.

대치법이라고 하는 것은 일어난 감정을 다른 것으로 바꾸는 것입니다. 하나가 생기면 다른 하나가 밀려나는 원리이지요. 추위는 더위와 공존하지 않는 것과 같습니다. 열이 있으면 추위는 사라질 수밖에 없어요. 비물질적인 세계, 다시 말해 마음의 작동 원리도 물질세계에서 일어나는 원리와 똑같습니다.

분노의 대치법은 분노가 가라앉은 다음에 자애심을 갖는 것, 자애 수행을 실천하는 것입니다. 상대도 나와 똑같이 실수를 하고, 좋지 않은 행동에서 벗어나기를 바라는 사람이라는 것을 인정하는 것입니다. 상대의 행복을 바라는 것입니다. 싫어하는 사람의 행복을 바라는 것입니다. 미운 사람에게 떡 하나 더 준다는 이치와 같습니다. 분하고 억울한 마음이 드는데, 그 마음이 일어나게 한 사람의 행복을 빌라니! 현실적이지 않은 일이라고 말하는 분도 있을지 모르겠어요. 하지만 대치법도 연습하면 할 수 있습니다. 상대를 사랑하는 마음을 키울수록 그 사람에 대한 증오가 줄어듭니다. 가장 미운 사람이 가장 친한 사람이 될 수 있습니다.

분노를 자애심으로 대치해야 하는 이유는 분노가 모든 삶을 망치기 때문입니다. 분노를 드러내는 것도, 억지로 참는 것도 도움이 되지 않고 오히려 고통이 되기 때문입니다. 다른 번뇌도 마찬가지로 연습하면 할 수 있습니다.

화가 일어날 때마다 이렇게 대치를 하면 결국은 크게 화를 내는 습관을 바꿀 수 있습니다. 큰 습관에서 벗어나려면 시간이 필요합니다. 몸에 깊게 배어 있어서 그렇습니다. 화가 일어날 때마다 자애심을 갖는 대치법을 써 보시길 바랍니다.

# 자기를 비하하는
# 마음습관

현대인들한테서 나타나는 정신적인 어려움 가운데 대표적인 게 자신을 긍정적으로 보지 못하고 부정적으로 보는 것입니다. 잘하는 것이 많은데도 못하는 것만 생각하는 강한 습관이 있습니다. 자기를 비하하는 것은 겸손한 것과는 다릅니다. 자신을 낮추는 것이 아니라 무시하고 깎아내리는 것입니다. 다른 사람에게는 너그럽고 친절하면서도 자신에게는 친절하지 않는 것입니다. 남들보다 더 우수하고 남들보다 더 빨리 성공하고 남들보다 더 잘 살아야 한다는 기대를 많이 가지고 있어서일까요? 비교할 것들이 너무 많아서일까요?

물론 스스로 성장해서 발전하기를 바라는 기대를 갖지 말라는 것이 아닙니다. 자신뿐만 아니라 자신의 가족도 자랑스럽

게 생각하지 않는 것, 잘하는 것이 있는데도 늘 비하하는 마음습
관을 이야기하는 것입니다.

## 자기 비하는 겸손과 달라

저는 부처님 법을 만나 무문관 수행을 하면서 '나는 수행을
해도 성취할 수 없을 것 같다'는 생각을 강하게 한 적이 있습니
다. 잘 해낼 수 있는데도 '나는 할 수 없다. 나는 아무것도 잘한
게 없다. 나는 늘 실패할 것이다'는 주문을 외우고 있었습니다.
마음 깊이 새겨져 있었습니다.

시작할 때부터 실패할 거라는 마음을 바탕에 깔고 있기 때
문에 자주 실패합니다. 실패를 하게 되면 '역시 나는 할 줄 아는
게 없어' 하면서 스스로를 비하하는 악순환을 되풀이합니다. 결
국 자신은 잘하는 것도 없고 남들도 나를 인정하지 않는다고 규
정해 버립니다.

자신을 비하하는 말을 들었을 때 전적으로 받아들이는 사
람들은 그 말이 사실인지 아닌지 따지지도 않고 자신을 더 비하
합니다. 이렇게 열등감으로 스스로를 비하하면 어떤 일이 일어
날까요? 위축되어서 목소리나 태도에도 자신감이 없어집니다.

결국 자신의 능력을 충분히 발휘하지 못하겠지요.

'난 왜 이 모양이지?'

'난 친구도 없어.'

'돈을 많이 벌어야 하는데 왜 나는 돈이 없지?'

'내 인생은 엉망이야.'

치음에는 푸념처럼 시작하다가 생각이 꼬리를 물고, 또 꼬리를 물어서 계속 다른 생각으로 이어 갑니다. 결국에는 '나는 아무 가치가 없어, 난 문제가 너무 많아' 하는 결론을 내립니다.

연애 문제도 마찬가지입니다. 열심히 살아가고 있는 것처럼 보이는 어떤 젊은 사람이 사귀던 사람과 헤어지고 나서 자신을 너무나 자책하는 것을 봤습니다. 저를 찾아와서 '전 잘할 수 있는 게 하나도 없어요. 저 같은 사람을 누가 좋아하겠어요?' 하는 겁니다. 그는 헤어진 원인이 자신이 돈도 잘 못 벌고 얼굴도 잘생기지 않았기 때문이라고 단정 지어 말하더군요. 제가 보기에 그것은 사실이 아닙니다. 그는 그런 사람이 아닙니다.

사실 외모나 능력은 상대적이라는 것을 우리 모두 잘 알고 있습니다. 그런데도 안 좋은 일이 생기면 자신의 못난 점을 찾아내어 비하하는 것이지요. 모든 것을 다 갖춘 사람이 얼마나 있겠습니까? 적어도 한 가지쯤은 잘하는 것, 좋은 점을 가지고 있지 않을까요? 그런데 자신이 못났다는 생각을 깊이 하게 되면 다른 능력이나 좋은 점이 보이지 않고 오히려 볼품없다고 생각

우리는 안으로 밖으로
모자람이 없습니다.
행복해야
할 충분한
까닭이
있습니다.
행복하지
못할
이유가

어디
있나요

We lack nothing, both externally and internally.
We have every reason to be happy. There is no reason not to be happy.

하게 돼요.

스스로 열등감을 갖고 비하한다면 주변 사람이나 세상을 어떻게 볼까요? 우리는 자신을 보는 눈으로 다른 사람과 세상을 봅니다. 자신을 비하하는 사람은 세상 속으로 들어가 당당하게 살 수 없습니다. 세상이 나를 무시한다고 생각합니다. 주변 사람들이 자신을 무시하고 인정하지 않는다고 생각합니다. 하지만 자신을 사랑하고 있는 그대로 받아들일 수 있으면 세상을 밝게 보게 됩니다. 이것이 우리가 자신을 비하하는 마음습관을 바꿔야 하는 이유입니다. 세상 누구보다 우리는 우리의 사랑을 받을 만한 존재입니다.


## 먹는 걸로 결핍감을 채우는 사람들

어떤 사람은 피곤하거나 우울하면 먹는 것으로 풉니다. 음식으로 결핍된 감정을 채우려는 겁니다. 그러다 보니 도넛을 하나만 먹어도 되는데 세 개를 순식간에 먹어 버립니다. 그러곤 그런 자신을 향해 또다시 비난의 화살을 쏩니다. '역시 나는 결심을 해도 소용없어' 하며 스스로 좌절하고 자신을 비하합니다. '다시는 도넛을 먹지 않겠어!'라고 결심하고, 어느 순간에 도넛

가게에 들어가서 도넛 한 상자를 다 먹고 있는 자신을 봅니다. 다시 또 좌절. 반복 또 반복.

사실 도넛은 애교에 불과합니다. 담배, 술, 그 밖에 안 좋은 것들에 손댈 수도 있습니다. 먹는 행위나 먹는 양은 개인마다 다를 수 있습니다. 무조건 안 된다고, 절대 먹어서는 안 된다고 강박적으로 대하기보다는 자신이 왜 먹는 것으로 특정 감정을 해소하려고 하는지 이해하려는 노력이 필요합니다. 음식은 죄가 없습니다. 우리 스스로를 봐줄 수 있으면 도넛을 먹으라고 허용할 수 있습니다. 나는 역시 안 돼, 이렇게 보는 것이 아니라 스스로를 상냥하게 보는 것입니다.

습관 때문에 몸이 반응하는 것을 자신은 이미 알고 있습니다. 그래서 폭식과 같은 안 좋은 습관에 빠지면 불편한 마음이 일어납니다. 이때 불편한 마음을 알아차리고 단지 '아, 내가 지금 엄청난 스트레스를 받아서 먹는 것으로 풀려고 하는구나' 하고 알아차립니다. 거기서 일어나는 생각을 더 이상 굴리지 않으면서 남을 봐주듯 자신을 봐주는 것입니다. 다른 사람을 사랑스럽게 보며 자비를 베풀 듯 스스로에게 연민을 가지는 것입니다.

우리가 스스로를 친절하게 대하고 봐준다는 것은 '마음대로 살아. 방탕하게 살아. 유흥을 즐겨' 하는 것이 아닙니다. 우리의 본성은 선하기 때문에 그것이 좋지 않은 일이라는 것을 이미 알고 있습니다. 자신을 사랑하는 것은 순수하고 선한 참본성과

늘 하나가 되려고 하는 것을 이해하는 것입니다. 내 삶과 마음을 닦는 수행이 하나 되기를 바라는 마음을 가지고 있기 때문에 폭식 같은 안 좋은 습관에 빠지면 불편한 마음이 일어나는 것입니다. 폭식도 문제지만 근본 문제는 폭식을 하게 만드는 자기 비하와 같은 마음습관입니다.


## ⁝ 완벽함에
## 집착하는 사람들

다른 사람을 사랑하는 마음을 자비심이라고 한다면 자기 자신을 사랑하는 마음은 출리심(出離心)이라고 합니다. 출리심은 고통에서 나오는 것으로 고통과 고통의 원인에서 벗어나기를 바라는 마음, 행복과 행복의 원인을 갖기를 바라는 마음입니다.

행복을 바라는 마음이 곧 사랑입니다. 우리는 우리의 행복을 늘 바라고 있습니다. 자신을 사랑한다는 말이지요. 이것은 우리의 본마음이 순수한 사랑이라는 것입니다. 우리가 왜 화를 내는지 아세요? 우리가 우리 자신을 사랑하기 때문입니다. 본마음이 사랑이기 때문에 화가 나는 거예요. 본마음이 행복하기를 원하기 때문에 우울한 것입니다. 모든 마음은 사랑에서 나오는 것입니다. 이 마음을 알아보는 것이 중요합니다. 우리가 순수하다

완벽함에 집착하는 사람

IF WE COULD FOCUS ON WHAT WE CAN DO, WE COULD MORE EASILY IMPROVE ON WHAT WE CANNOT DO.

잘하는 점에 마음을 둘 수 있다면 못하는 것도 잘할 수 있습니다.

If we are strong AND happy,

We can tolerate our shortcomings and work with them.

스스로 튼튼하고 행복하면 자신의 결점을 봐줄 수 있고 이겨 나갈 수 있습니다.

는 것을 알아보는 것이 중요합니다. 이런 것을 안다면 스스로를 비하할 수 없습니다. 오만함도 생길 수 없습니다. 우리의 본마음을 알 수 있으면 그 마음을 달랠 수 있습니다.

우리 자신은 사랑할 만하고, 사랑과 이해를 받을 만한 가치가 있습니다. 잘하는 점에 마음을 둘 수 있다면 못하는 것도 잘할 수 있습니다. 스스로 튼튼하고 행복하면 자신의 결점을 봐줄 수 있고 이겨 나갈 수 있습니다.

불편한 마음이 일어나는 것을 관찰하지 못하면 도넛 한 상자를 다 먹어 버릴 수 있습니다. 그런데 관찰할 수 있다면, 한 개 정도 먹고 멈출 수 있습니다. 합리적이지요. 절대 그래서는 안 된다는 완벽함, 완전함에 집착하는 사람이 있습니다. 누구도 완전한 사람은 없습니다. 하나도 허용할 수 없다고 밀어내다가 한 상자를 다 먹어 버릴 수 있습니다. 허용할 수 있다면 도넛 한 상자보다 한 개쯤 먹는 것이 더 낫지 않을까요?

게임을 하지 말아야지, 인터넷이나 영화 보는 시간을 줄여야지 해 놓고 지키지 못한 적이 있나요? 그렇다면 보고 나서 하루 종일 스스로를 비하하며 못살게 구는 것보다 게임 하고 영화를 보도록 허용하고 본업에 다시 집중하는 것이 낫습니다.

낙타를 통제할 수 있는 유일한 방법은 낙타를 그대로 두는 것입니다. 소를 통제하려고 좁은 공간에 가둬 두면 도망가려고 합니다. 그런데 넓은 공간에 가둬 두면 저절로 통제가 되는 것과 같습니다. 예를 들어 공원에 소풍을 갔는데 경찰이 공원을 둘러싸고 아무도 못 나가게 한다면 1초도 더 있고 싶지 않을 거예요.

마음이 억눌리면 마음은 반항합니다. 가장 친절하고 효율적인 방법은 안 좋은 습관을 이해하고 친절과 사랑으로 공간을 주는 것입니다. 안 좋은 행동을 할 때 자신을 비하하지 않고 더욱 사랑해야 합니다. 너무나 잘하고 싶은데 못했기 때문입니다. 마치 아픈 사람을 위로하듯이 위로해 주세요. 세상 누구보다도 나 자신은 내 사랑을 받을 만하죠.

남들을 용서하고 사랑해야 한다는 것을 배웠습니다. 나 자신에게도 똑같이 대해 주세요. 나도 중생이니까요. 자신을 사랑하면 남을 봐줄 수 있고 남을 봐주면 자신을 봐줄 수 있습니다.

자신과 자신의 행동을 떼어 놓고 볼 줄 알아야 합니다. 자신의 좋은 점을 떠올려서 잘하고 있다고 생각하세요. 좋지 않은 점에 집중하면 잘하는 것이 하나도 없는 것처럼 여겨집니다. 마음으로 자신을 때리지 말고 스스로에게 비폭력을 실천하세요.


## ⦂ 게으름과 모욕감이
## 자기 비하를 만든다


이제, 왜 우리 자신을 못나고 잘하는 게 없는 쓸모없는 존재라는 생각을 하게 되는지 그 이유를 알아보겠습니다. 저는 자신을 게으르다고 여기는 것과 남들에게서 받는 모욕감을 대표적인 자기 비하의 이유로 생각합니다.

단 한순간도 쉼 없이 일어나는 생각과 감정을 바라보는 것은 고통에 빠지지 않고 행복해지기 위해서입니다. 행복해지는 일을 수행이라고 합니다. 그런데 수행의 큰 장애 가운데 하나가 게으름입니다. 수행하고 싶은 마음은 별로 들지 않고 다른 것을 더 하고 싶습니다. 수행에 전념하며 의미 있는 삶, 후회 없는 삶, 행복한 삶을 살고 싶지만 몸이 편하고자 하는 습관이 남아 있어서 수행을 하는 데 어려움이 있는 것입니다.

게으름을 이겨 내지 못하면 자신에 대한 비하나 열등감으로 이어질 수 있습니다. 나는 할 수 없다고 생각하는 것입니다. '출가한 스님이라면 할 수 있겠지만, 나는 스님이 아니니까 못해. 나는 수행이 안 맞아. 수행할 능력이 없어. 일상생활을 하면서 어떻게 수행을 해? 그런 건 세속을 떠난 사람들이나 하는 거지' 하며 무관심하거나 포기하는 것입니다. 하지만 걱정할 필요가 없습니다. 위대한 성자나 우리나 모두 본성은 똑같기 때문입니다.

어떤 환경이나 조건에서도 꾸준히 수행할 수 있는 사람은 많지 않습니다. 조건만 따져 본다면 우리는 부처님보다 더 좋은 조건을 가지고 있다고 볼 수 있습니다. 지금 시대는 건강에 대한 정보나 과학기술만 좋아진 것이 아니라 마음공부 할 수 있는 기회도 많습니다.

선하고, 의미 있는 삶을 살고 싶다는 생각을 가지고 있는 것 자체가 훌륭한 일입니다. 그러므로 좌절할 필요도 없고, 자신감을 가져도 좋습니다. 무엇보다 우리 모두 불성, 무한한 가능성을 가지고 있습니다. 그것을 믿으세요.

〈스타워즈〉라는 영화에서 요다의 대사 가운데 "우리는 물질적인 존재가 아니라 빛으로 만들어졌다"는 대사가 있습니다. 우리도 빛나는 존재입니다. 빛은 우리의 본성과 같습니다. 빛이 변하지 않듯이 우리의 본성 역시 변하지 않습니다. 마음의 본성은 행복입니다. 이 행복은 누구라도 파괴할 수 없는 조건 없는 행복입니다. 조금 게을러도 봐주세요.

다음으로 다른 사람에게 받는 모욕감입니다. 게으름이 자기 자신에게 가해지는 비판이라면 모욕감은 다른 사람에게서 받는 것입니다.

"왜 그렇게 살이 쪘어?"

"실력이 없네……."

스스로 뚱뚱하거나 능력이 모자라다고 생각하는 사람이 이런 말을 들었다면 아마 심한 모욕감을 느낄 것입니다.

살다 보면 좋지 않은 말, 무시하는 말을 듣거나 모욕을 당할 때가 있습니다. 모욕이란 다른 사람을 경멸, 비하하고 조롱하고 무시하는 행위입니다. 모욕을 당하고 싶은 사람은 아무도 없을 것입니다. 최근에는 개인이 개인을 모욕하는 일만이 아니라 집단적으로 공개적으로 경멸하고 모욕하는 일도 많은 것 같습니다. 가난하다고, 학력이 낮다고, 장애가 있다고, 정치적인 이념이 다르다고 집단적으로 모욕하는 일이 일어나고 있습니다.

누군가 나를 무시하거나 모욕하는 말이나 행동을 했을 때 '어떻게 그렇게 행동할 수 있지?' '왜 저러지? 내가 뭘 어쨌는데?' 하며 상대를 원망하고 미워하는 경우도 있지만 그 말을 고스란히 받아들여 자책하기도 합니다. 그런데 한번 모욕당하는 것으로 끝나는 게 아닙니다. 시간이 지나도, 다른 장소에 가서도 모욕당한 일을 생각하면서 다시 모욕감을 느낍니다. 화가 났을 때와 비슷하지 않나요? 원망과 미움, 자책하는 감정은 일주일, 한 달 어쩌면 일생 동안 계속될 수도 있습니다. 하지만 명상을 배우면 일주일, 한 달 넘게 힘들었던 시간들을 하루, 일주일 정도로 줄일 수 있습니다.

물론 내 존재가 무시당한 일을 어떻게 아무 느낌도 없이 그냥 넘어갈 수 있겠습니까? 분명 고통스러운 경험입니다. 하지만 한 번 당한 일을 계속 되풀이하며 자신을 비하하고 열등감을 갖는 것이 문제입니다. 왜 그럴까요? 어떻게 대처할 수 있을까요?

## 자기 비하를 긍정적으로 바꾸는 세 가지 질문

사람들은 부정적인 생각에 쉽게 빠집니다. 안 좋은 생각들을 이어 가면서 마음이 무겁고 어두워집니다. 이때 마음에 다음 세 가지 질문을 던져 보세요.

첫째, 과연 이것이 사실인가?

둘째, 어제도 오늘도 내일도 이럴 것인가?

셋째, 나는 어떤 좋은 점이 있는가?

첫 번째, '이것이 사실인가?' 하고 질문해 보는 것인데요. '나는 못났고 잘할 수 있는 것도 별로 없고 능력도 없어' 하는 것이 정말 사실일까요? 정말 누구도 부정할 수 없는 사실인지 묻고 싶습니다. '나만 친구가 없어' 하는 것은 사실인지 '인생이 엉망이야' 하는 것이 과연 사실인가 하고 묻는 것입니다. 질문을 던지다 보면 사실이 아니라는 것을 알게 됩니다. 스스로에게 '이것이 사실인가?' 하고 질문하는 것만으로도 망상의 대부분을 해결할 수 있습니다.

망상에서 벗어나거나 부정적인 마음을 긍정적인 마음으로 바꾸는 방법은 망상의 사슬에 감겨 있을 때 '이것이 사실인가?' 하는 질문으로 망상을 끊어 버리는 것입니다. 물론 우리의 마음 습관은 바라보거나, '이것이 사실인가' 하고 질문을 하는 것보다 우리 몸과 마음에 들어와 있는 망상을 붙잡는 것에 더 익숙합니다.

이제 두 번째 질문을 해 볼까요? '이 일은 어제도 그랬나? 오늘도 이렇고, 내일도 이럴 것인가?' 하고 질문하는 것입니다. 두 번째 질문은 지금의 생각이나 감정이 영원하지 않다는 것을 떠올리는 겁니다. 감정이 영원하다고 생각하기 때문에 고통스럽습니다. 하지만 생각에게 먹이를 주지 않으면 하늘에 구름이 흘러가듯이 사라집니다. 망상에 사로잡힐 때 무상함, 그러니까 모든 것이 영원하지 않다는 것을 알면 그 고통이 가벼워집니다. 지나갈 것을 알면 덜 집착하고 덜 머물게 되는 것이지요. 무상을 볼 수 있으면 감정이 풀립니다.

세 번째 질문은 '나는 어떤 좋은 점이 있는가?' 하는 것입니다. 우리는 자신의 단점을 마치 돋보기로 들여다보듯 과하게 보는 습관이 있습니다. 열 가지 성품에서 아홉 가지가 장점이고, 한 가지가 단점이라고 해도 그 한 가지 단점을 보고 따지는 셈입니다. 그래서 세 번째 질문은 내가 가진 좋은 점을 일깨우면서 고마워해야 할 것들이 얼마나 많은지 떠올려 보는 것입니다. 내 장점 목록을 쓸 때 돈이나 외모, 사회적 지위나 직업을 적는 것도 좋겠지만 성품을 써 보면 어떨까요? 설마 장점이 하나도 없겠어요? 정 없으면 밥 잘 먹는 거라도 써 보세요. 그렇게 해 보는 거예요. 장점 목록을 쓰고 나서 자신을 바라보면 '아, 그래 내 인생에 좋은 점, 장점이 많구나. 다른 사람이 나를 많이 도와주는 구나' 하는 생각이 들 것입니다. 인정하지 않았던 장점을 인식하면 마치 없었던 것이 새로 생기는 것 같습니다. 부정적인 생각에 치우쳐 있다가 생각의 균형이 잡히는 것이지요.

부정적인 생각이 일어날 때 이 세 가지 질문을 떠올리세요.

첫 번째 질문을 하면 꼬리를 물고 이어지는 망상의 사슬을 끊을 수 있고, 두 번째 질문을 하면 감정의 무상함을 알게 되고, 세 번째 질문을 하면 생각의 균형이 잡히면서 전체적으로 볼 수 있습니다. 이 세 가지 질문을 기억해서 쓸데없는 고통에 빠지지 않기를 바랍니다. 그런데 세 가지를 꼭 다 해야 하는 건 아닙니다. 한 가지 질문만 해도 좋습니다.

## ⋮ 내면의 지혜를 믿으세요

중국 음식점에 가서 짬뽕을 먹을까, 짜장면을 먹을까 망설이며 결정을 못 한 적이 있나요? 아침에 밥을 먹을까 커피를 마실까, 걸어갈까 버스를 탈까 같은 사소한 선택부터 이 사람과 결혼을 할까 이혼을 할까, 이 회사에 취직을 할까 사표를 낼까 같은 중요한 결정을 해야 할 때가 있습니다. 매일매일 선택하고 결정해야 할 일들이 있는데, 결정을 하지 못할 때가 종종 있습니다. 흔히 결정 장애라고 하지요.

결정을 해야 할 때 결정을 하지 못하는 데에는 이유가 있습니다. 그중 하나는 자신을 믿지 못해서입니다. 잘못된 결정을 내릴까 봐, 실패할까 봐 두렵기 때문이죠. 주변에서 내가 내린 결정을 비난하지 않을까, 지지를 받지 못하는 건 아닐까 두려운 것입니다. 누구한테도 비난받지 않고 실패하지 않을 안전한 선택을 하려고 하니 결정을 못 합니다. 결정할 수 있다는 자기 확신이 없는 것이지요.

그런데 완전한 결정은 없습니다. 어떻게 하면 올바르게 선택해서 결정할 수 있을지 고민될 때 내면의 지혜를 써 보세요. 우리는 현명하게 결정할 수 있는 내면의 지혜가 있다는 것을 알아야 합니다. 현명한 결정을 하고 싶을 때 자신의 내면에 맡겨 보는 것입니다. '아, 난 모르겠어' 하는 게 아니라 먼저 '나는 현명한 결정을 할 수 있는 내면의 지혜가 있다'고 믿고 어떻게 하면 좋을지 스스로에게 물어보는 것입니다. 그렇게 해야 내면의 지혜를 쓸 수 있습니다. '나는 지혜가 없다. 나는 좋은 결정을 못 한다'는 마음이 지혜를 가리게 됩니다. 자신감을 가질 수 있으면 내면의 지혜도 분명하게 쓸 수 있습니다.

어느 한순간에 지혜로운 사람으로 갑자기 변하지는 않겠지만 자신감을 가지면 지혜롭게 결정하는 데 도움이 됩니다. 내면

삶이 달라지기를 바랄 때, 스스로에게 '믿고 가자'라고 해 보세요.
있는 그대로 온전하다는 것을 믿어 보세요.

의 지혜를 믿으세요. 이제 결정할 때 도움이 될 만한 이야기를 해 드리겠습니다.

1. 마음이 어느 쪽을 선택하고 싶어 하는지 귀 기울여 보세요. 머리로 원하는 것 말고 마음, 가슴이 원하는 것이 무엇인지 알아보는 것입니다. 마음을 가장 먼저 살펴봐야겠지요. 내 마음이 가는 쪽으로 결정하는 것이 좋습니다. 머리로 따지면 복잡하지만, 마음을 따르면 편해집니다. 그 길이 맞다고 알려 주는 지혜가 우리의 본성입니다.

2. 어려운 결정을 할 때 이쪽은 좋고, 저쪽은 나쁘다는 흑백논리로 생각하는 경향이 있습니다. 하지만 사실 양쪽 다 장단점이 있습니다. 그래서 어느 길이 더 혜택이 많은지 살펴보고 결정하는 게 좋겠지요.

3. 어느 것이 장기적으로 혜택을 줄 것인지 살펴보세요. 짧은 시간 안에 혜택을 받더라도 장기적으로 손해가 가는 일은 하지 않는 것이 좋습니다. 오히려 단기적으로는 손해지만 장기적으로 혜택이 있는 것을 선택하는 것이 좋습니다. 장기적인 혜택은 때때로 단기적인 희생을 필요로 하는 경우가 많기 때문입니다.

4. 자신의 처지를 떠나 객관적으로 어느 쪽이 혜택이 많은지 생각해 보세요. 자신의 처지를 떠나는 것이 쉽지 않습니다. 자신의 처지를 벗어나지 못하기 때문에 지혜롭지 못한 결정을 하게 됩니다. 내가 저 사람 처지라면 어떻게 선택하고 결정할 수

있을지 객관적으로 그 혜택을 살펴보세요.

5. 어느 쪽을 할 수 있는지 자신의 능력을 살펴보세요. 내가 더 잘 할 수 있는 선택이 무엇인지 생각해 보는 것입니다. 물론 꼭 능력이 있어야 선택하는 것은 아니겠지요. 마음을 따라가면 능력이 없어도 선택할 수 있습니다.

6. 어느 쪽이 안전한지 살펴보세요. 어느 결정이 더 안전한지, 해가 되지 않는지 살펴보는 것입니다.

여섯 가지 기준을 가지고 내 안에 있는 지혜를 믿으며 스스로에게 질문을 던지고 기다려 보세요. 답을 바라지는 마세요. 그냥 던져 보는 겁니다. 중요한 것은 스스로에게 질문을 하는 것입니다. 내게 그런 지혜가 있다는 것을 잊지 마세요. 물론 결정을 한 뒤에는 결정을 따릅니다. 후회하고 번복하면서 왔다 갔다 하지 않습니다. 결정을 하면 밀고 나가야 합니다.

## 스스로에게 하는 자비 명상

행복의 큰 장애 가운데 하나가 바로 스스로를 사랑하지 못하고 받아들이지 못하는 것입니다. 자기를 사랑해야 다른 사람을 사랑할 수 있고, 다른 사람의 행복에 기여할 수 있습니다.

우리는 순수하고 훌륭하고 선한 존재입니다. 그런데도 우리는 스스로를 안 좋게 보는 경향이 있습니다. 천 가지 좋은 성품이 있고 두 가지 안 좋은 성품이 있는데, 안 좋은 두 가지를 따집니다. 결국 자신을 안 좋은 존재로 느낄 수밖에 없습니다.

스스로에게 친절하세요. 다른 사람의 잘못을 봐주듯이 자신의 잘못을 봐주세요. 다른 사람을 용서하듯이 자신을 용서하세요. 지나친 기대로 마음을 무겁게 하지 마세요. 잘못하고 있다고 해서 큰일이 아닙니다. 우리는 습관 덩어리입니다. 나쁜 습관은 조금씩 바꿔 나갈 수 있으니 마음을 너그럽게 가지세요.

멍 때리기, 나태, 야식…… 좀 해도 돼요. 누구를 죽이는 것도 아니잖아요. 우리는 성자가 아닙니다. 그래도 잘하고 있는 것이 많이 있어요. 잘하고 있는 것을 축하하세요. 그리고 순간순간 깨어 있으세요. 자신을 비하하는 마음을 내려놓으세요. 자신을 바꾸려고 하는 마음도 내려놓으세요. 자신의 좋은 점과 안 좋은 점 모두 똑같이 받아들이세요. 엄마가 웃는 아이든 우는 아이든 똑같이 사랑하듯이 잘하는 자신, 못하는 자신을 똑같이 사랑하세요. 둘 다 받아들이세요. 자기 안에서 편안하게 지내는 것을 배우세요. 자신과 벗하세요. 자신에게 반해 보세요. 자신과 사랑에 빠져 보세요. 자기를 사랑하는 것과 이기심은 반대라고 합니다. 사랑은 스스로의 좋은 점을 인정하고, 기뻐하는 것입니다.

자기를 비하하는 마음습관을 내려놓을 수 있는 데 도움이 되는 자비 명상을 알려 드리겠습니다.

천천히, 깊게 아랫배 쪽으로 숨을 들이마시고 숨을 내쉴 때는 이 순간에 몸과 마음, 모든 것을 맡기고 신뢰하세요.

마음의 본성은 무한한 하늘과 같습니다.

드넓은 마음의 본성에 잠깐 쉬세요.

이 끝없는 들판은 우리의 본성이고 권리입니다.

스스로에게 질문을 해 보세요.

내가 행복하고 싶은가?

어떤 답을 바라지 말고 그저 질문을 던져 보세요.

행복하고 싶다는 답이 나와도 행복하고 싶고

행복하고 싶지 않다는 답이 나와도 행복하고 싶습니다.

행복하고 싶은 게 우리의 기본 마음입니다.

내가 이 참된 행복을 찾기를.

참사랑, 참된 행복은 누가 만들지 않았고, 파괴할 수 없습니다.

명상은 행복을 만드는 것이 아니라 이미 있는 행복을 드러내는 것입니다.

개념을, 생각과 습관을 렛고 해서 행복과 사랑을 드러내는 것입니다

스스로의 장점을 떠올리며 기뻐하세요.

이것은 오만이 아닙니다.
나는 괜찮은 존재,
이대로 행복한 존재,
무량한 존재,
순수한 존재입니다.
늘 마음을 편안하게
릴렉스

# 남 탓하고 상대를 바꾸려는
# 마음습관

우리 내면에는 버릇없는 한 아이가 살고 있습니다. 이것은 이래서 잘못이고, 저것은 저래서 잘못이라며 늘 불만이 많습니다. 무슨 일이 있을 때마다 왜 내가 저런 사람과 같이 살아야 하는 거지? 왜 저 사람은 나를 힘들게 하는 거지? 이렇게 늘 남 탓을 합니다. 그 사람 때문에 자신이 행복하지 못하다고 착각을 합니다.

## 다
## 너 때문이야!

사는 게 참 힘들다고 호소하는 사람들 이야기를 들어 보면 대부분 버릇없는 내면의 아이에게 휘둘리고 있습니다. 그 아이가 하라는 대로 하면서 다른 사람 때문에 고통스럽고, 다른 사람 때문에 슬프고, 다른 사람 때문에 억울하다고 말합니다. 그 사람이 내 인생을 힘들게 하고, 내 삶을 불행하게 만들었다고 합니다. 어떤 사람은 그런 사람을 만난 것도 내 운명인가 싶어서 때로는 자포자기하기도 하고 아주 가까운 가족이지만 관계를 끊어 버리기도 합니다.

우리 내면에 있는 버릇없는 아이가 가장 잘하는 일은 힘들 때마다 자신의 마음을 보지 않고 밖을 보게 하는 것입니다. 다른 사람 탓, 바깥 환경 탓을 하면서 괴로움을 키우게 합니다. 그래서 나를 힘들게 하는 그 사람이 바뀌어야 한다며 그의 행동을 고치려고 합니다. 그가 바뀌기만 하면 내 삶은 만족스럽고 행복해질 거라고 믿습니다. 우리 마음이 가진 아주 강한 습관이지요. 그런데 내가 원하는 대로 바꿀 수 있으면 좋겠지만 과연 쉽게 바꿀 수 있을까요? 다른 사람을 바꾸는 일은 세상을 바꾸는 것과 같습니다. 바뀌지 않는 그 사람을 보면서 내 말을 안 듣는다고, 내 마음을 몰라준다고 또 원망하며 한탄합니다.

세 번째 마음습관은 남을 탓하며 상대를 바꾸려는 것입니다. 상대가 바뀌면 많은 문제가 해결될 것이라고 생각하는 습관입니다. 그런데 여기서 남 탓하는 것과 다른 사람에게 관심을 갖는 것은 전혀 다른 일이란 것을 분명히 알아야 합니다.

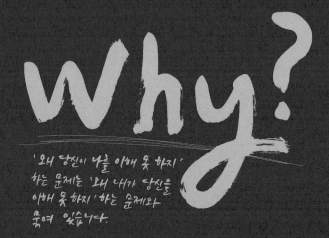

why?

'왜 당신이 나를 이해 못 하지'
하는 문제는 '왜 내가 당신을
이해 못 하지' 하는 문제와
묶여 있습니다.

당연히 다른 사람의 삶에 관심을 갖고 살아야 하지요. 우리는 홀로 존재하는 것이 아니라 서로 깊이 연결되어 서로 돕고 마음을 나누는 사회적 존재니까요. 다른 사람에 대해 이렇다, 저렇다 하며 신경 쓰는 것은 그를 걱정하고 사랑하기 때문이며 그런 관심은 당연한 것이라고 말하지만, 사실은 상대를 고치려고 하고 그의 삶을 간섭하려고 하는 오만한 마음이 있는 것은 아닌지 살펴봐야 합니다.

## 신경 꺼!

다른 사람 일에 간섭할 필요가 없습니다. 자녀들에게도 마찬가지입니다. 자녀들이 잔소리하는 부모에게 '신경 꺼' 하고 생각한다는데 스스로에게 '신경 꺼' 하는 말을 진언처럼 해 보는 건 어떨까요?

미국 속담 중에 "A cat has nine lives, curiosity killed the cat"이라는 말이 있습니다. 고양이가 아홉 번이나 죽음을 피하지만 결국 호기심 때문에 위험에 빠지게 되고, 죽게 된다는 말입니다. 고양이는 다른 동물들보다 유난히 더 호기심이 발달되어 있다고 합니다. 사실 호기심은 살아가는 데 무척 필요한 것입니다. 하지만 적절하지 못한 호기심, 지나친 호기심은 때때로 위험을 일으킵니다. 고양이는 상당히 겁이 많은데 그러다 보니 늘 주위를 살핍니다. 아마 겁이 많고 두려움이 많으니까 잘 살피려고 호기심이 많아진 것이 아닌가 싶습니다. 호기심이 고양이를 죽인다는 말은 지나친 호기심이 결국 자신에게 피해를 줄 수 있다는 뜻이지요.

다른 사람이 어떻게 살고 있는지, 왜 저런 행동을 하는지 엉뚱한 호기심을 갖거나 걱정하고 참견하다 보면 그를 비판하게 되고 결국 문제를 일으키게 됩니다. 다른 사람의 삶에 관심을 갖는 것은 참 쓸모없는 일입니다. 달라이라마 존자님께서는 '다른 사람의 천 가지 허물을 보는 것보다 우리에게 있는 허물 한 가지를 보는 것이 낫다'고 말씀하셨습니다.

거울에 뭐가 묻은 것 같아서 거울을 닦지만 사실은 우리 얼굴에 묻은 허물입니다. 심리학자들도 다른 사람의 허물을 보는 것은 우리의 허물을 투사하는 것이라고 이야기합니다. 다른 사람의 허물이 보일 때 남의 허물과 우리의 잘못된 견해가 섞여 있는 거지요. 남의 허물을 말하는 것은 그 사람의 성격을 보여 주는 것이 아니라 우리의 모자란 성격을 보여 주는 것입니다.

사람 자체는 순수한 존재입니다. 좋지 않은 습관이 있을 수 있고, 잘못이 있을 수 있고, 허물이 있을 수 있습니다. 허물 없는 사람은 없습니다. 다만 허물을 어떤 마음으로 보는지 그것이 중요합니다.

그 사람을 온전히 사랑하고, 그 사람을 위해서 허물을 고쳐 주려는 마음으로 어떤 행동과 말을 할 수 있겠지요. 이때 자비와 지혜를 갖추어서 지혜로운 판단과 진심, 순수한 마음, 오직 그 사람이 받을 혜택을 바라며 말한다면 괜찮을 것입니다. 하지만 대부분은 못된 마음과 감정으로 말을 하고 있습니다. 그리고 그 것을 잘 알아차리지 못합니다. 잘 보이지 않습니다.

다른 이의 좋은 점을 말하면 자신의 평판이 좋아진다는 말이 있습니다. 이는 다른 사람의 허물을 말하면 자신의 평판이 나빠지는 것과 같은 말입니다. 물론 그 사람이 나쁜 사람인데도 좋은 사람이라고 얘기하는 것과는 다른 이야기입니다. 누구든지 좋은 평판을 듣고 행복하기를 바랍니다. 다른 사람의 허물이 보일 때 그것이 망상이라고 스스로에게 알려 주면서 말을 하지 않는 것이 중요합니다.

보통 자신이 좋아하지 않는 사람에게는 나쁜 감정이 있어서 안 좋은 점을 보게 됩니다. 그러니까 망상이라는 것을 알아차리지 못해도 우선 그의 허물을 말하지 말아야 합니다. 순수한 마음을 내지는 못하더라도 일단 말은 꺼내지 말라는 것입니다. 누군가 어떤 사람에 대해 좋은 감정을 가지고 있는데, 옆에서 나쁜 말을 하게 된다면 그 사람은 좋은 감정을 계속 가질 수 없습니다. 그러니까 말을 해서는 안 됩니다. 말을 하면 이미 늦은 것입니다.

'신경 꺼!'

신경을 끈다면 우리 삶은 자유롭고 평화로워집니다. 다른 사람의 삶에 끼어들어서 그 사람을 변화시킬 수 있다면 좋겠지만 그것은 무척 힘든 일입니다. 우리 자신도 변화하기 어려운데 다른 사람의 삶에 참견해서, 더구나 부정적인 말을 해서 바꾸겠다는 것은 오만입니다. 그 사람의 삶에 간섭하지 않고, 그 사람이 잘하고 있다고 믿어 주고, 그 사람도 사는 게 참 어려운데 최선을 다하고 있구나 하고 봐주면 그의 삶은 변할 것입니다. 그 사람을 사랑하고 믿어 주고, 행복하기를 바라는 것이 그의 삶을 변하게 하는 가장 좋은 방법입니다.

부처님은 우리 자신이 뭘 하는지, 우리 자신이 어떤 마음을 가지는지 신경 쓰라고 하셨지, 다른 사람이 뭘 하는지는 신경 쓰지 말라고 하셨습니다.

다른 사람의 허물을 말하지 않습니다. 남 탓을 하지 않습니다.

## 상대를 바꾸는
## 세 가지 방법

"나는 미워하는 사람이 없어, 좋아하는 사람들뿐이야" 하는 사람은 거의 없을 것입니다. 대부분 누군가를 미워하고 그 미운 마음 때문에 고통스러워합니다. 어떤 사람들은 "그 사람이 뭔가 잘못을 해서 미운 것이 아니라 그냥 주는 것 없이 미워요. 우린 아마 전생에 원수였나 봐요" 하며 전생 핑계를 댑니다. 무엇보다 가장 사랑하고 잘 지내야 할 가족들도 서로 미워하고 심지어 증오하기도 합니다.

그런데 과연 우리는 상대가 잘못해서, 미워할 만한 짓을 해서 미워하는 걸까요?

한 여성이 친구에게 남자 친구 때문에 얼마나 고통스러운지 하소연을 합니다. 그 이야기를 다 들은 친구가 "그렇게까지 미워할 만한 행동을 한 건 아닌 것 같은데……" 하며 공감을 해주지 않았어요. 갑자기 자신의 편을 들지 않는 친구가 미워집니다. '아니, 친구라면서 어떻게 내 편을 안 들어 주는 거지? 내 친구 맞아? 오랫동안 친구로 지낸 게 아무 소용이 없네. 나쁜 친구……' 하면서 그 친구를 멀리합니다.

누구나 다 고개를 끄덕일 만큼 절대적으로 미워할 만한 이유가 없다는 것은 다 아실 겁니다. 그렇다면 상대가 미운 짓을 해서 미워하는 것보다 이미 우리 안에 미운 마음, 증오심이 있어서 어떤 특정한 상대를 미워하는 것은 아닐까요?

저는 왜 미워하는지 따지는 것보다 미움과 증오가 어느 습관보다 해롭고 파괴적이기 때문에 미워하지 않을 수 있는 방법

다른 사람에게 안 좋은 감정이 일어나거나
허물이 보일 때 이것이 내 허물의 반사이며
잘못된 견해라고 자신에게 알려 주세요.
그리고 이 감정에 너무 신경 쓰지 마세요.
신경을 쓸수록 감정에 힘이 실립니다.
우는 아이를 내버려 두듯이 그냥 두면 금방
끝납니다.

을 알려 드리고자 합니다. 미움과 증오는 다른 사람이 고통받기를 원하는 마음입니다. 고통받기를 바라며 미워하기 때문에 스스로 고통을 받습니다. 사랑은 다른 사람이 행복하기를 바라는 마음이며 그 결과 스스로 행복해집니다. 하지만 미움과 증오심이 우리 마음에 자리 잡고 있는 한 행복할 수 없습니다.

미워하는 상대가 내가 원하는 대로 바뀌면 덜 미워할 것 같습니다. 미워할 일이 없을 것 같습니다. 내 마음에 들지 않아서 밉고, 내가 원하는 대로 바뀌지 않아서 더 미워지기 때문에 상대를 바꾸겠다는 생각은 나를 더 고통스럽게 합니다.

상대를 바꾸는 게 아니라 관계를 좋게 변화시키고 싶을 때 시도해 볼 수 있는 방법이 있습니다.

첫째, 내가 변하는 것입니다. 혹시 너무 뻔한 말이라고 생각하나요? 맞습니다. 내가 먼저 변하면 주변 사람들도 저절로 변한다는 것을 말씀드리고자 합니다. 많은 사람들이 자기 자신도 변하지 못하면서 오만하게 다른 사람이 변해야 한다고 주장하고 있습니다. 다른 사람의 허물을 지적하고 험담하는 것은 도움이 되지 않습니다.

내가 변한다는 것은 어떻게 하는 것일까요? 지금까지 하던 방식과는 다르게 하는 것입니다. 지금까지 미워하면서 화를 내고 짜증을 냈다면 그 일을 잠깐 멈추는 것입니다. 주변 사람들에게 미워하는 사람을 험담하고 비난하던 것을 멈추는 것입니다.

내가 불행한 것은 그 사람 때문이라며 불평하던 것에서 벗어나 내 삶의 귀한 손님으로 대하는 것입니다. 그를 한 존재로, 한 인간으로, 한 생명으로 친절하게 대해 주는 것입니다.

둘째, 믿어 줍니다. 모든 사람은 훌륭한 본성이 있습니다. 믿어 주고 격려해서 좋은 성품이 드러나게 합니다. 잘할 것이고 훌륭한 사람이라고 믿어 주면 훌륭하게 되며 큰 도움을 주는 사람이 됩니다. 우리가 우리 본성을 믿듯이 미워하는 그 사람도 순수한 본성을 지니고 있음을 믿어 주는 것입니다.

셋째, 이해하고 사랑합니다. 상대의 처지를 잘 이해하고 공감하는 것만으로도 큰 도움이 됩니다. 어떤 말을 해서 다른 사람을 바꾸는 것은 어렵습니다. 그냥 이야기를 들어 주고 옆에 있는 것만으로 충분합니다. 상대가 원하는 것은 사랑과 공감입니다. 충고가 필요한 것이 아닙니다. 너도 그럴 수 있겠다며 이해하고 받아 주는 것입니다.


## 아내 혹은 남편을 바꾸려는 마음

누구나 행복하기 위해 결혼을 하고 부부가 됩니다. 두 사람의 행복을 위해서도 자녀를 위해서도 그리고 가족과 좋은 관계를 유지하기 위해서도 결혼은 참으로 중요합니다. 그런데 살아가면서 겪는 많은 고통과 고민은 주로 배우자와 관련된 것들입니다. 부부는 결합과 애착의 관계를 기본으로 하고 있는데, 서로에게서 독립적으로 존재하는 것, 스스로에게 자유를 주는 것이 중요합니다.

많은 남편과 아내가 서로에게 집착하고 있습니다. 집착하는 것이 마치 좋은 부부의 징표인 것처럼 생각하고 그에 따른 기준들도 참 많습니다. 예를 들면 아주 사소한 일정까지도 챙기거나 어디를 가더라도 일일이 허락을 받는 게 당연하다며 간섭하는 것을 의무로 생각하는 부부들이 있습니다. 사랑이라는 이름으로 서로의 자유를 제한합니다. 하지만 간섭과 관심은 분명히 다릅니다.

자신은 자유를 원하면서 정작 배우자에게는 자유를 주지 않습니다. 가장 사랑하는 사람이라면서 자유를 주지 않는 것입니다. 서로를 통제하고 자유를 주지 않음으로써 고통을 줍니다.

철학자이면서 화가인 칼릴 지브란의 『결혼의 서』에 이런 말이 있습니다.

"사랑하는 사람 사이에 바람이 다니는 길을 두어라. 사원의 기둥도 떨어져 서 있다. 사이프러스 나무와 전나무는 서로의 그늘에서 자랄 수 없다."

사실 삶의 대부분 시간은 바로 자신의 것입니다. 부부가 되었다고 해서 내가 원하는 대로 이래라 저래라 할 수 없습니다. 그는 자유로운 사람이었고 부부가 되어도 그 자유로운 삶을 살 수 있어야 합니다. 서로 공통된 부분만 함께할 뿐 각자 스스로 살아갈 자유가 있는 것입니다.

자유로운 삶을 통해 서로 성장하게 되는데, 집착한다면 성장할 수 없습니다. 무엇보다 집착이 생기면 스스로 괴롭습니다. 집착은 상대에 대한 믿음이나 자신감이 떨어졌을 때 더욱 커집니다. 불안하기 때문에 일일이 간섭하고 참견하는 것이지요. 집착을 완전히 놓기는 어렵겠지만 조금이라도 놓아 보는 연습을 해 보세요. 내버려 두는 것은 무관심하고는 다릅니다. 믿는 만큼 잠시 신경을 끊는 것입니다. 부부끼리 따로 있는 것도 필요합니다. 늘 같이 있을 필요는 없습니다. 사랑하면 놓아줄 줄도 알아야 합니다.

좋은 인간관계를 갖는 것은 수행의 중요한 부분입니다. 결혼을 수행으로 삼을 수 있다면 분명히 훌륭한 삶을 살 수 있을 것입니다. 부부 사이를 좋게 하는 일곱 가지 조언을 드리겠습니다.

첫째, 자유롭게 내버려 두세요. 배우자는 나의 것, 나의 소유물이 아닙니다. '당신은 영원히 내 것이야' 하는 마음을 가지면 괴로움이 따라옵니다. 그 사람이 어딜 가는지, 무엇을 하는지 다 알고 싶은 마음으로 집착하게 되면 일일이 확인하고 챙기게 됩니다. 전화를 하고 문자를 보내고 그런데 답이 안 오면 신경 쓰이고, 불안해집니다. 신경 끄는 것이 관계를 좋게 하는 방편일 수 있습니다. 시장에서 잠시 만났다 헤어지는 사람처럼 배우자 역시 잠시 만나고 헤어질 것을 알면 마음이 가벼워집니다. 양어깨에 날개를 달아 주듯이 훨훨 날게 하는 것입니다. 그러다아예 날아가 버리면 어떡하냐구요? 날아갈 거라면 간섭해도 날아가지 않을까요? 그래서 자유롭게 하는 데는 믿음이 필요합니다. 짧은 기간이라도 완전히 신경을 끄는 것, 내 것이 아님을 받아들이는 것, 문자도 하지 않고 당분간 잊어버리는 것이 부부 사이를 건강하게 하는 방편입니다. 정말 사랑한다면 늦게 들어와도 아무 말 하지 않고 신뢰하는 것입니다.

둘째, 따로 있는 시간을 많이 가지세요. 뉴욕에 사는 어느 부부가 15년 동안이나 같이 살지 않고 따로 살았다는 기사를 본적이 있습니다. 어떤 사람들은 냉정하게 비판하기도 했습니다. 제가 아는 수행자 부부도 방을 따로 씁니다. 제가 말씀드리고 싶은 것은 혼자 있는 시간이 필요하다는 것입니다. 혼자 생각하고, 혼자 차를 마시고, 혼자 여행하는 시간이 필요하다는 것이지요. 혹은 남편이나 아내 말고 다른 사람과 여행하는 것도 필요합니다. 그러면 더 조화로워집니다. 따로, 혼자 있는 시간을 통해 부부가 같이 있는 시간이 소중하다는 것을 알게 됩니다.

셋째, 상대를 바꾸려고 하지 마세요. 있는 그대로 봐주세요.

상대방도 마음대로 입고, 먹고, 사는 것을 결정할 수 있습니다. 그런데 그것을 통제하는 것은 상대방을 존중하지 않는 것입니다. 나는 패션을 잘 알고 있나요? 내가 먹는 것이 가장 좋은 음식인가요? 좋은 음식을 먹거나 좋은 옷을 입으면 상대방이 따라 할 수 있지만, 강요해서는 안 됩니다. 서로의 결정을 존중하라는 이야기입니다. 우리 모두 다 성숙한 어른입니다. 배우자 역시 스스로 결정할 수 있는 성인입니다. 상대방의 자유의지와 선택권을 존중하세요. 무엇을 사든 무엇을 먹든 통제하지 말고 받아들여 주세요. 상대방의 결정을 존중해 주세요.

넷째, 서로 좋게 보고 믿어 주세요. 배우자가 잘생겼고 똑똑하고 착하고 능력 있는 너무나 훌륭한 사람이라고 믿어 주면 그런 사람이 되기 쉽습니다. 반대로 상대가 못생겼고 못됐고 멍청하고 능력이 없다고 생각하면 그렇게 보입니다. 만약 내 마음에 들지 않는 사람으로 보인다면 결혼을 잘못했다는 생각이 들 거예요. 허물을 따지지 말고 훌륭한 사람으로 키우세요. 좋은 말만 하세요. 서로 흉보는 말은 그만하세요. 서로의 영성과 인간존재를 인정하고 존경하는 마음으로 상냥하게 말하세요. 서로 비하하는 농담도 하지 마세요. 적어도 하루에 한 번은 이렇게 생각해 보세요. '오늘 어떻게 내 사랑을 행복하게 할까.' 그리고 실천하는 것입니다. 아주 작은 행동이라도 좋아요.

다섯째, 언젠가 헤어진다는 것을 잊지 마세요. 결혼은 잠깐 만나고 떠나는 여행입니다. 어떤 만남도 영원한 것은 없습니다. 우리는 언젠가는 헤어집니다. 새들이 나무 위에 잠깐 같이 있다가 흩어지듯이 우리도 잠깐 같이 있다가 영원히 헤어집니다. 같이 있는 동안 서로 친절하게 대해야 하지 않을까요? 언젠가는 배우자의 얼굴을 보지 못할 겁니다. 누구도 다른 사람을 내 것으로 완전히 소유할 수 없습니다. 잠깐 만나는 것이라고 생각하면 같이 있는 시간이 소중합니다. 이 사실을 생각하면 부부 사이가 좋아집니다.

여섯째, 모든 부부 관계가 힘들다는 것을 인정하고 나름 잘하고 있다는 것을 잊지 마세요. 상대의 좋은 점과 내게 잘해 준 것을 반복해서 생각하세요. 하던 일을 또 하는 것이 습관이며 그 습관이 윤회입니다. 우리는 모두 습관 속에 살고 있습니다.

일곱째, 자신의 행복을 이루세요. 배우자에게 줄 수 있는 가장 좋은 선물은 자신의 행복입니다. 스스로 변하고 행복해지면 배우자도 행복해집니다. 배우자에게 바라는 것이 있다면 스스로 그렇게 되어 보세요.

사랑은 '어떻게 하면 당신을 행복하게
할 수 있을까?' 생각하는 것입니다.
집착은 '당신은 왜 나를 행복하게
하지 못할까?' 생각하는 것입니다.

－프롬 린포체

## 부모 탓하는
마음

　불교에서는 부모의 은혜가 그지없이 크고 깊음을 말하며 그 은혜에 보답할 것을 『부모은중경』에서 자세히 가르치고 있습니다.

　요즘 자녀들은 부모의 은혜를 잊고 삽니다. 뭔가 잘못되면 부모를 탓하는 사람들이 있습니다. 자신에게 안 좋은 일이 생기거나 뜻대로 되지 않으면 부모가 자신을 잘못 키워서라며 탓합니다. 꽤 많은 청소년들이 부모 특히 엄마하고 갈등이 있다고 합니다. 그 아이들도 어른이 되면 부모의 은혜를 알게 될까요? 마치 우리가 그랬듯이요.

　모든 부모들은 완벽하지 않습니다. 어떻게 해야 좋은 부모가 되는지 다 알고 부모가 되지 않았습니다. 자식들은 부모가 자식을 얼마나 잘 키우고 싶어 했는지 그 마음을 모릅니다. 부모는 자식을 어떻게 키워야 하는지 제대로 알지 못한 채 부모가 되었습니다. 그래서 잔소리를 하게 되고, 좋은 모범을 보여 주지 못하고, 실수도 합니다. 하지만 자식을 사랑하는 마음은 순수합니다.

　누군가 밥 한 끼를 사 주면 무척 고마워합니다. 그런데 부모는 수많은 끼니를 해 주었습니다. 그것도 보상을 바라지 않고 말이지요. 누군가 하룻밤만 재워 줘도 고마워하는데 수많은 밤을 보상을 바라지 않고 재워 준 분들입니다. 누가 나에게 그렇게 해 줄 수 있을까요? 그 은혜를 언제, 어떻게 갚을 수 있을까요?

태어날 때 부모가 우리를 보살피지 않았다면 우리는 이미 죽었습니다. 부모가 우리의 생명을 살려 준 것입니다. 어릴 적에 부모는 가장 맛있고 좋은 부분을 우리에게 주었습니다. 바람이 불면 엄마는 옷을 벗어서 입혀 주었습니다.

열 달 동안 우리를 배 속에서 키워 준 것을 생각해 보세요. 티베트에서는 아이를 낳는 것은 죽음으로 가는 길의 반을 가는 것이라고 이야기합니다. 무엇을 하든 부모의 은혜를 갚을 길이 없습니다. 부모를 모시고 지구를 여섯 번 돌더라도 그 은혜는 갚을 수 없습니다.

나이가 들면 부모 스스로 자신을 보살피지 못하는 때가 올 것입니다. 나이 들어 불쌍해지지 않는 부모는 없습니다. 실수도 많이 하고 마음에 슬픔도 간직하고 후회도 많이 하기 때문입니다. 이때는 자식들의 사랑이 필요할 때입니다. 우리가 그 은혜를 갚도록 노력해야 합니다.

미국에서는 부모가 나이가 들면 요양원에 모십니다. 효를 중요하게 여기는 한국에서도 최근엔 부모를 요양원에 모시는 일이 많은 것으로 압니다. 단지 요양원에 모시느냐 아니냐가 중요한 게 아니라 부모를 어떻게 보살피느냐에 따라 선업을 쌓느냐 악업을 쌓느냐가 결정됩니다. 우리가 하는 행동은 부모에게 영향을 미칩니다. 그만큼 부모와 자식은 가깝기 때문입니다.

늙은 부모 앞에서 여전히 욕심을 부리고 우리 입장을 내려놓지 못하고 그 은혜를 까먹습니다. 내 입장에서 일어나는 여러 가지 좋지 않은 마음을 내려놓아야 합니다. 자식을 위해 희생하는 부모의 모습을 보면 원망할 수가 없습니다. 섭섭한 기억이 있다고, 좋은 영향을 못 받았다고 수많은 부모의 은혜를 잊어서는 안 됩니다. 이번 생에도 나를 위해 애쓰셨지만 수많은 생에서도 그 은혜를 입었습니다. 부모의 은혜를 기억하세요.

부모가 행복하면 우리도 행복합니다.

부모가 아프면 우리도 아픕니다.

## ⋮ 자녀를 바꾸려는 마음

'아이가 속을 썩여요. 공부를 안 해요. 성격이 거칠어요…….'

많은 부모들이 아이들 문제로 상담을 청하지만 대부분 부모에게 문제가 있다고 합니다. 지나치게 아이에게 기대를 걸고 그 기대에 미치지 못하면 아이를 다그칩니다. 부모가 마음이 안정되지 않으니 자녀에게 화풀이를 합니다.

'아이들은 부모의 소유물이 아니다'는 말이 있습니다. 과연 이 말을 믿고 실천하는 부모가 얼마나 될까요?

아이가 잘되기를 바란다면 부모 먼저 스스로 자신의 상처를 돌보고 회복하세요. 먼저 스스로 고요하고 평화로워지세요. 먼저 스스로 행복해지라고 말씀드리고 싶습니다. 아이들에게 하는 말을 스스로에게 해 보세요. 자신도 못하는 일을 아이에게 강요하고 있는 것은 아닌지 살펴보세요.

부모가 자녀에게 가장 강하게 집착하는 것이 공부, 성적이지요. 그런데 왜 공부를 잘하라고 할까요? 공부를 잘해야 잘살수 있다는 생각 때문이지요. 공부를 잘해야 성공하고 공부를 잘해야 행복할 수 있다고 생각하기에 억지로 공부를 시키는 것입니다. 이렇게 억지로 공부해서 좋은 대학을 졸업하더라도 아이들의 미래가 밝기만 한 것은 아닙니다. 그다음은 좋은 직장, 좋은 결혼에 대한 압박을 받습니다.

많은 부모들이 자녀들을 고통스럽게 하며 이래라 저래라 요구하는 것은 행복이 무엇인지 모르기 때문입니다. 몸과 마음이 편안해야 하고 사람들과 좋은 관계를 맺는 것, 이런 것들이 가장 중요하다는 것을 믿지 않기 때문입니다.

아이들에게 이렇게 말하면 어떨까요?

'공부를 못해도 괜찮다. 좋은 대학 못 가도 괜찮다. 대학 안 가도 괜찮다. 결혼 안 해도 괜찮다. 아이를 낳지 않아도 괜찮다.

열심히 공부하는 것은 중요하다. 하지만 1등이 되는 것이 중요한 것은 아니다. 좋은 성적을 받아야 하는 것은 아니다. 최선을 다했다면 C를 받은 것도 잘한 것이다. 남보다 잘해야 하는 것은 아니다. 하지만 사람을 배려하고 존경해야 한다. 따뜻한 마음을 나눠야 한다. 그리고 네 마음이 원하는 것을 따라라.'

이런 마음을 가질 수 있다면 부모에게도 아이들에게도 좋을 것입니다. 물론 부모로서 집착을 놓는 게 쉽지 않다는 것은 이해합니다. 제가 승려라 아이들을 길러 보지 않아서 잘 모른다고 할 수 있겠지만 우리 아이들이 행복하기 위해 마음이 튼튼하고 사람들과 잘 지내야 한다는 것만은 분명히 말할 수 있습니다.

우리가 원하는 것은 아이들이 몸도 마음도 튼튼하고 행복한 것입니다. 남과 잘 어울리고, 무엇을 하든 열심히 하고, 하고 싶은 것을 하는 것이 행복입니다.

무엇이 옳고 그른지 아이에게 가르칠 의무가 있는데, 먼저 우리 자신이 옳고 그름을 알아야 합니다. 무엇이 행복을 가져다주고 무엇이 불행을 가져다주는지 알아차려야 합니다. 행복을 바르게 정의해서 아이들에게 알려 주는 것이 필요합니다. 그래야 아이들이 행복해집니다. 아이들을 가르칠 수 있는 가장 좋은 방법은 모범을 보이는 것입니다. 우리가 자비롭고 열심히 사는 사람이라면 아이들도 그럴 것입니다.

아이의 마음을 다치게 하기 전에 미리 놓아 버리세요. 빠르면 빠를수록 좋은 것이 집착을 버리는 것입니다. 자식을 키워 보지도 않고, 혼자 사는 승려가 아는 척하는 줄 알면서도 도움이 됐으면 하는 마음으로 여덟 가지 조언을 드릴게요.

첫째, 잔소리는 줄이고 모범으로 가르치세요. 잔소리는 아이들 귀에 들어오지 않습니다. 소음같이 들립니다. 한 귀로 들어오고 다른 귀로 나갑니다. 보여 주면 말을 안 해도 따라 합니다. 모든 행동은 흉내라고 합니다. 아이들은 우리가 하는 대로 똑같이 따라 합니다.

둘째, 욕심을 버리고 아이들이 꿈을 이룰 수 있게 도와주세요. 자식들의 삶을 정해 주는 것이 아니라 가는 길을 잘 받쳐 주는 게 부모가 할 일입니다. 앞에서 이끄는 것이 아니라 뒤에서 지지해 주는 것입니다. 물론 의견을 말할 수 있겠지만 의견에 집착하면 안 됩니다. 아이의 선택을 존중해야 합니다. 비록 원하는 것과 다르더라도요.

셋째, 행복이 무엇인지 바르게 정의해서 가르쳐 줘야 합니다. 우리가 원하는 것은 아이들의 행복입니다. 공부 잘해서 행복합니까? 좋은 대학교 가서 행복합니까? 좋은 회사에 들어가서 행복합니까? 결혼하고 아이들을 낳아서 행복합니까? 아닙니다. 의미 있는 삶, 다른 사람을 위한 삶, 수행하는 삶이 행복한 삶입니다. 아이들한테 보여 주고 알려 줘야 되는 가장 중요한 것은 남을 배려하고 겸손하고 착하게 사는 것입니다. 이웃과 사회와

이 세상에 긍정적으로 기여하고 사는 게 얼마나 중요한지 알려 줘야 합니다. 공부 못해도, 결혼 안 해도, 좋은 대학교 안 가도, 돈을 많이 안 벌어도, 아이들이 행복하기만 하면 되죠. 만족과 검소와 용서와 사랑을 우리가 실천하고 알려 줘야죠.

넷째, 아이의 자유와 독립성을 존중해야 합니다. 누구를 만나고 무엇을 입고 무엇을 하는지 신경을 좀 꺼야 합니다. 의견을 말할 수 있지만 그 의견을 고집하지 말아야 합니다. 적당한 관심이 중요합니다. 중도를 실천해야 합니다. 무관심하게 내버려두는 것도 안 좋고 하나하나 다 간섭하는 것도 좋지 않습니다.

다섯째, 옆에 있어 주고 마음을 살펴봐 주고 같이 외식하고 영화 보는 벗이 되어 주세요. 친구처럼 지낼 수 있는 부모는 훌륭한 부모입니다. 부모가 할 일은 아이들을 바꾸는 것이 아니라 있는 대로 사랑하고 친구처럼 좋아하는 것이라고 생각합니다. 아이들이 필요한 것은 충고가 아니고 사랑입니다. 조건 없는 격려와 기대 없는 사랑을 보여 주세요. 아이들에게 쉼터와 피난처가 되어 주세요. 가장 좋은 친구가 되어 주세요.

여섯째, 아이가 다른 사람과 갈등이 생길 때 아이 편이 되어서 다른 사람을 상대하면 안 됩니다. 원수는 다른 사람이 아니고 미움과 원한이라는 것을 알려 줘야 합니다. 부모는 갈등 상황을 전체적으로 살펴보고 모두에게 이로운 상생의 결과를 찾아야 합니다. 우리 아이는 옳고 다른 아이는 나쁘다고 판단을 내리면 안 됩니다. 다른 부모의 처지도 배려할 줄 알아야 합니다. 갈등의 문제는 양쪽 모두에게 있습니다.

일곱째, 자식 가운데 성격이 모난 아이에게 신경을 더 써 주세요. 성격이 부드러운 아이는 신경을 안 써도 잘 어울리며 지내요. 아이들 모두 깊고 깊은 인연으로 우리 아이로 태어났어요.

여덟째, 기대와 바람을 버리고 믿어 주세요. 아이들의 좋은 성품과 잘하는 것을 인정하고 키워 주세요. 허물은 따지지 마세요. 우리 아이가 왜 이렇지 하고 생각을 굴리지 말고, 표현하지도 마세요. 우리 아이가 착하고 똑똑하고 능력이 있는 아이라고 믿고 말하고 행하세요. 아이의 가능성이 꽃피게 도와주세요.

# 나만 아끼는
# 마음습관

단체 사진이 나오면 누굴 보시나요? 대부분 자신의 얼굴을 먼저 봅니다. 다른 사람은 어떻게 나왔든 상관없고 내가 잘 나왔으면 사진이 잘 나왔다고 합니다. 흔히 누군가를 지나치게 좋아해서 그를 쫓아다니는 사람을 스토커라고 합니다. 그런 면에서 우리는 자신에 대한 지나친 스토커라고 할 수 있습니다.

아침부터 잠잘 때까지 주문을 외우고 다닙니다. '나는 언제 행복해질까. 사람들한테 인정을 받아야 하는데, 나는 돈을 많이 벌어야 하는데, 나는 잘 먹어야 하는데, 나는 편하게 살아야 하는데…….' 자신이 원하는 모습을 끊임없이 구체화합니다.

나의 이런 저런 모습은 상상으로 만든 허구입니다. '나'는 상상의 산물입니다. 그런데 '나는 이래야 해'라고 생각하며 스스로를 괴롭힙니다.

## 아집,
## 나에 대한 집착

　나를 아끼고 내 이익을 바라는 마음은 나쁜 것도, 좋은 것도 아닙니다. 흔히 이기심은 자신의 이익을 쫓는 마음이라고 하지요. 모든 행동은 자기를 사랑하는 마음에서 일어나며 그런 면에서 조금씩 차이는 있지만 우리는 모두 이기적인 면을 가지고 있습니다. 그런데 나만 아끼는 마음으로 다른 사람이나 세상을 무시하는 것이 문제를 낳습니다.

　왜 나만 아끼는 마음습관을 가지고 있을까요? 그것은 바로 내가 독립적으로 영원히 하나로 존재한다고 믿기 때문입니다. 자신이 따로 존재한다는 마음에서 나만 아끼는 마음이 일어납니다. 이것을 나에 대한 집착, 아집이라고 합니다. 바로 이 마음이 모든 고통을 만듭니다. 『입보리행론』에 이런 구절이 있습니다.

　"우리 몸에는 팔다리 같은 여러 부분이 있지만 이들 모두가 우리가 보호해야 할 하나의 몸이듯이, 세상에는 많은 사람들이 있지만 모두가 나 자신처럼 보호해야 할 한 사람이네. 나와 남이 같다는 점을 명상해야 하네. 우리는 모두 행복을 원하고 불행을 원치 않는다는 점에서 같으므로 자기 자신을 보호하듯 남들을 보호해야 하네."

『입보리행론』을 쓴 샨티데바(적천보살)는 7~8세기에 인도 나란다대학에서 대승의 중요 사상을 널리 알린 스승입니다.

세상에는 나와 똑같은 수많은 존재들이 사는데 어찌 한 사람만 아낄 수 있을까요? 숫자로만 보면 나는 하나이고 타인은 수없이 많습니다. 그런데 수없이 많은 사람을 신경 쓰지 않고 어떻게 나 한 사람만 신경 쓸 수 있을까요? 이것은 현실과 맞지 않는 습관이에요. 말이 되지 않는, 비상식적인 습관이지요.

티베트의 큰 스승이신 딜고 켄체 린포체님도 "지금 내가 나 자신을 아끼듯이 남을 아낄 수 있다면, 지금 남을 무시하듯이 나를 무시할 수 있으면 깨달음을 알 것이다"고 하셨습니다. 『입보리행론』에 유명한 구절이 있습니다. "세상의 모든 행복은 남을 생각하는 마음에서 오고 세상의 모든 고통은 나만 아끼는 마음에서 온다"고요. 또 "선한 마음은 어디를 가든 존경과 사랑을 받는다. 이것이 선한 마음의 결과이다. 못된 마음은 어디를 가든 괴로울 것이다. 이는 선하지 않은 마음의 결과이다"는 이야기도 있습니다. 선한 마음은 바로 남을 아끼는 마음입니다.

우리는 서로 의지해서 살고 있습니다. 우리는 개별적으로, 나 혼자만 존재하지 않습니다. 내가 원하든 원하지 않든 우리는 흔히 누군가를 지나치게 좋아해서 그를 쫓아다니는 사람을 스토커라고 합니다. 그런 면에서 우리는 자신에 대한 지나친 스토커라고 할 수 있습니다. 자신에게 '자신다울' 자유를 주세요.

서로 연결되어 있는 존재들입니다. 나는 세상과 별개의 존재로 살아가는 것이 아니라, 통일되어 있고 깊은 연관성을 가지고 있습니다.

부처님은 세상이 연기법에 따라 움직인다고 했습니다. 모든 존재는 인연에 따라 생겨나고 인연이 다하면 사라진다고 하셨습니다. 서로가 얽혀 있습니다. 관계를 존중하지 않으면 결국 싸움이 일어나고 모두 다 망할 수밖에 없습니다.

모든 생명체는 저마다 사랑과 존중을 받아야 하는 평등한 존재이며 서로에게 의존하고 있습니다. 어느 것 하나도 독립적으로 존재하지 않고 다른 존재와 그물코처럼 연결되어 서로 밀접한 영향을 주고받고 있습니다. 자연이나 동식물을 포함한 모든 생명들은 사람만을 위해 존재하는 것이 아니라 우리와 주고받으며 존재합니다. 그런데도 우리는 오랫동안 사람만을 위해 자연을 파괴하고 동식물을 함부로 대해 왔습니다. 그 결과는 어느 특정 지역의 문제가 아니라 지구 곳곳에서 일상적인 재앙으로 나타나고 있습니다. 그 사실을 부인하고 살기 때문에 나만 잘 먹고 잘살면 행복한 줄 아는 것이지요.

## ⁝ 내 마음을 살피고
## 다스린다는 것

우리 마음 상태를 세 가지로 나누어 볼 수 있습니다. 선하고 순수한 마음, 악하고 못된 마음, 그리고 악하지도 선하지도 않은 중립적인 마음, 이렇게 세 가지가 있습니다.

부처님의 가르침을 한마디로 말한다면 순수하고 선한 마음을 유지하라는 것입니다. 선한 마음은 유지하고 악한 마음은 버리거나 선한 마음으로 바꾸라는 것이지요. 이것은 불교에서만 하는 종교적인 이야기가 아닙니다. 우리가 어떤 마음으로 살아야 하는지 생각하게 하는 이야기예요. 단순하지만 아주 중요한, 진정으로 행복하기 위한 실질적인 방법을 말하는 것입니다.

티베트 불교에서는 마음을 다스리는 특정한 수행 방법인 '로종 수행(Lojong Teachings)'을 하신 분들이 많습니다. 로종 수행은 자신만을 위한 이기적인 태도를 스스로 깨닫고 바꾸어 나가는 마음 수행법입니다.

옛날 티베트에 게셰 벤이라는 분이 있었습니다. 게셰는 티베트 불교에서 스님들이 받을 수 있는 가장 높은 학위입니다. 스님 박사라고 할 수 있지요. 게셰 벤 이야기를 들으면 이렇게까지 나를 아끼는 마음을 억제할 필요가 있나, 수행자니까 그럴 수 있지, 나는 못 해 하고 생각할 수도 있을 겁니다. 하지만 나만 아끼는 마음을 경계하지 않으면 언제든 못된 마음으로 돌아갈 수 있다는 것을 생각해 볼 수 있는 이야기입니다.

티베트에서는 공양을 할 때 요구르트를 주는데, 어느 날은 나눠 먹기에는 요구르트가 모자랐습니다. 게셰 벤은 자기 몫이 없을까 봐 걱정을 했어요. 그런데 자기 차례가 돌아올 때쯤 자신의 발우를 덮어 버렸습니다. 그리고 '이 못된 마음은 이미 먹을 것을 다 먹었다'고 하셨습니다. 자기 몫을 챙기려고 한 마음, 나눠 먹지 않으려는 자신의 못된 마음을 알아차리고 스스로 단속한 것이지요.

또 다른 이야기가 있습니다. 게셰 벤은 물심양면으로 자신을 도와주는 공덕주가 찾아온다는 이야기를 듣고 불단을 청소하고 꽃도 꽂으며 그를 기다렸습니다. 그러다 공덕주가 오기 때문에 청소를 하는 자신의 순수하지 못한 마음을 깨닫고, 바닥에 있는 흙을 집어 청소를 한 불단에 뿌렸다고 합니다. '너 사기꾼, 가만있어' 하며 스스로를 꾸짖고 참회하셨습니다. 순수한 동기, 순수한 마음이 아닌 것을 알아차리고 엄하게 다스린 것이지요.

또 하루는 공덕주 집에서 소리를 친 적이 있습니다.

"도둑이야, 도둑! 빨리들 오세요."

주인이 곡식 창고로 달려가 보니, 게셰 벤이 한 손은 곡식을 잡고 있고 다른 손이 곡식을 잡은 손을 잡고 소리치고 있었어요. 사실 게셰 벤은 스님이 되기 전에 산적이었습니다. 창고에서 곡식을 보고 가져가야겠다는 마음이 들었는데, 그 순간 자신의 마음을 보고 스스로를 도둑이라고 소리를 쳤던 것입니다.

실제로 물건을 훔친 것은 아니지만 그 순간의 순수하지 못한 마음을 꾸짖은 것입니다. 게세 벤 이야기를 보면서 순수한 마음이 참으로 중요하다는 걸 느낀 사람도 있겠지만 굳이 이렇게까지 해야 하나 의문이 드는 사람도 있을 것입니다. 요즘 같은 세상에 그런 순수한 마음으로 살면 오히려 손해를 본다며 거부감을 가질지도 모르겠습니다.

## 선하고 순수한 마음이
## 행복해지는 길

왜 순수한 마음을 가져야 할까요? 바로 순수한 마음이 행복을 가져다주기 때문입니다. 번뇌가 아니라 평정심을, 망상이 아니라 고요함을, 미움이 아니라 사랑을 가져다주기 때문입니다. 아무것도 바라지 않고, 순수한 의도로 순수한 마음을 갖는 것이야말로 행복에 이르는 길입니다. 수행은 복잡하거나 어렵지 않습니다. 순수한 마음을 유지하는 것이 수행입니다.

인도의 어떤 스승은 안 좋은 마음이 들 때는 까만 돌을 모으고 좋은 마음이 들 때는 하얀 돌을 모았습니다. 처음에는 거의

다 까만 돌이었지만, 중간에는 까만 돌 반 하얀 돌 반, 그리고 결국에는 거의 하얀 돌로 바뀌었습니다. 자신의 마음을 알아차리면서 선하고 순수한 마음을 더 낼 수 있었던 거예요.

여러분도 바둑돌을 들고 다니면서 한번 해 보시기 바랍니다. 들고 다니기가 좀 무거울까요? 그럼 다른 방법을 알려 드릴게요. 선한 마음이 일어나면 오른손을, 못된 마음이 일어나면 왼손을 살짝 쥐었다 놓으세요. 이 수행을 하다 보면 처음에는 왼손에 쥐가 날 수 있어요. 나중에는 오른손에 쥐가 날 수 있고요. 선한 마음을 기를 수 있지만 손에 쥐가 날 수 있으니 부디, 조심하세요. 하지만 자신의 마음을 알아차릴 수만 있다면 어떤 수행자보다 훨씬 더 수행을 잘할 수 있어요.

크게 나쁜 마음을 내거나 악한 행동을 하지 않으면 마음이 깨끗한 줄 알지만 우리는 대부분 부정적이거나 이기적인 생각들로 가득 차 있습니다. 나만 아끼는 사람들은 마음에 까만 돌을 잔뜩 안고 다니는 것과 같습니다. 자비심이나 다른 사람을 위하는 생각은 별로 없습니다. 그래서 수행이 필요합니다. 나를 걱정하기에 바빠서 남을 생각할 여유가 없다고 말하는 사람도 있지만 선한 마음을 내다 보면 습관이 생깁니다. 선한 마음에 익숙해지도록 자꾸 마음을 내는 것이 중요합니다. 무엇보다 선한 마음인지 악한 마음인지 알아차리기 위해 자신의 마음을 보는 것만으로도 상당히 좋은 수행이 됩니다. 왜냐하면 살피는 마음, 알아차리는 것 자체가 마음을 바꿔 주니까요.

　그런데 우리는 첫 단계인 살피는 것을 잘 못합니다. 잘 보지를 못합니다. 볼 수 있게 되면 조금씩 좋지 않은 마음은 줄어들고, 그 자리에 좋은 마음이 채워지게 됩니다. 행복해지기 위해 마음을 살피는 일을 조금씩 늘려 보세요.


## ⁞ 나만 아끼는 사람은 늘 외롭다

　나만 아끼는 마음습관은 내가 영원히 독립적으로 존재한다고 믿기 때문에 생긴다고 말씀드렸습니다. 하지만 내가 먹는 음식에도 다른 많은 사람들의 노력이 깃들어 있고, 내가 입은 옷, 내가 타고 다니는 차, 살고 있는 집 들에도 모두 다른 사람의 노고가 들어 있습니다. 내가 잘나서 잘사는 것이 아니라 수많은 사람들의 도움이 있기에 가능한 것입니다. 어느 한 순간도 나는 독립적으로 존재할 수 없습니다. 그래서 나만 아끼는 마음은 잘못된 생각입니다. 이런 잘못된 생각은 공성으로 대치할 수 있습니다.

　공성은 독립적이고 고정된 것이 없다는 것입니다. 즉 영원히 하나로 존재하는 '나'는 없는 것입니다. 그러니 자신만을 챙기는 이기적인 마음습관을 고치려면 자비심을 키워야 합니다. 자비심은 다른 사람이나 다른 생명체가 고통에서 벗어나기를 바라는 마음입니다.

자비라는 말의 뜻을 살펴보면 자(慈)는 사랑이고 비(悲)는 연민입니다. 사랑은 남이 행복하길 바라는 마음이고 연민은 남이 고통에서 벗어나기를 바라는 마음입니다. 다른 사람들을 가엾게 여기는 마음이지요. 달라이라마 존자님은 우리가 재산을 모두 잃더라도 자비심이 있으면 아무것도 걱정할 게 없다고 말씀하십니다. 자비심이 우리 마음에 튼튼하게 자리 잡으면 어떠한 상황에서도 흔들리지 않을 것이기 때문입니다. 오뚝이를 생각해 보세요. 이리 밀고, 저리 밀고, 이리 때리고, 저리 때려도 계속해서 꿋꿋하게 다시 일어나지 않습니까?

자비심이라는 마음이 우리 중심에 자리 잡으면 어떤 상황에서도 꿋꿋할 수 있습니다. 자비심이 있으면 힘이 생기고, 용기가 나고, 마음이 편해집니다. 아무리 쓰러져도 다시 일어날 수 있습니다. 그런 면에서 볼 때, 자비심은 상당히 유용하고 실용적이기까지 한 마음가짐입니다.

그런데 우리가 다른 사람에게 자비를 베풀려고 해도 그 사람이 거절하는 경우가 있습니다. 그럴 때 그 사람은 자비의 이득을 얻지 못합니다. 하지만 자비를 베푸는 사람은 언제나 이득을 얻습니다. 행복해지고 싶다면 다른 사람들을 사랑하십시오.

우리는 인간관계에 갈등이 생길 때대 쉽게 인연을 끊습니다. 사람들을 제외할수록 결국 혼자 있게 됩니다. 혼자서는 아무것도 못 하고 행복하지 못하죠. 밥 한 끼 먹기 위해서도 수많은 타인들의 도움이 필요합니다. 이제 제외하는 습관을 포함하는 습관으로 바꾸어야 합니다. 우리 모두는 다른 사람들의 덕으로 행복하고 건강하게 생존할 수 있습니다. 이것이 부처님이 가르치는 연기법의 의미입니다.

그들을 존경하고 배려해 주십시오. 그것이 바로 행복의 비법입니다.

영화 〈울지 마 톤즈〉의 이태석 신부님을 아시지요? 그분은 아프리카 사람들을 진정으로 사랑했습니다. 오랜 전쟁 때문에 가난하고 병든 사람들, 특히 어린이들을 보살피셨지요. 누구에게 자랑하기 위해서나 대가를 바라며 살지 않았습니다. 오로지 아프리카 사람들이 고통에서 벗어날 수 있는 방법을 생각했어요. 그들이 즐겁고 행복하게 살 수 있게 하는 일들을 찾아 실천하셨습니다. 어느 기자가 그에게 외롭지 않은지 물었습니다. 그는 전혀 외롭지 않다고 했습니다. 외로움은 자신한테만 열중했을 때 나오는 마음입니다.

나라를 잃고 수많은 난민들과 함께 고통스럽고 불편한 상황에서 살아가는 달라이라마 존자님도 한 인터뷰에서 '전혀 외롭지 않다'고 하셨습니다. 다른 사람들을 늘 긍정적으로 보며 그들도 자신과 공통점이 있으며 그들과 서로 연결되어 있음을 느끼기 때문에 외롭지 않다고 하셨습니다. 다른 사람의 행복을 위해 일하고 오로지 그 일만을 위해 애쓰는 사람은 외로움을 느낄 틈이 없습니다.

아무런 대가 없이 일을 하는 자원봉사자들도 다른 사람들보다 더 큰 행복을 느낀다고 합니다. 다른 사람을 위해 사는 삶이 자신의 삶을 더 윤택하게 하는 것입니다. 제가 아는 시민 단체 활동가도 어려운 조건에서 일하면서도 고통받는 사람들을 자유롭고 편안하게 하는 일이라며 행복해했습니다.

달라이라마 존자님도 낚싯바늘에 걸려 극심한 고통을 겪고 있는 물고기를 예로 들며 자비심은 "다른 사람이나 다른 생명의 고통을 볼 때 생기는 견디기 힘든 느낌"이라고 하셨습니다. 다시 말해 자비심이란 다른 사람의 고통을 함께 느끼고 그것을 마음으로 받아들이는 것이라 하겠습니다.

명상을 통해 마음을 알아차릴 수 있어도 자비심을 갖지 못하면 행복할 수 없습니다. 자비심을 가지는 순간, 남을 생각하는 마음을 가지는 순간, 그 자체가 바로 행복입니다. 알아차림을 배우지 않더라도 자비심으로 이타심을 실천할 수 있다면 행복해지고 더 뚜렷한 삶의 목표가 생깁니다.

자비심은 나 스스로 고통을 원치 않으며 행복해질 권리가 있음을 인정하고 실제 그렇게 믿는 것에서 생겨납니다. 자신이 고통에서 벗어나길 바라는 것처럼 다른 사람도 고통에서 벗어나길 바라는 마음을 갖게 됩니다.

사람들은 누구나 존경과 사랑을 받고, 인정받고 싶은 욕구를 가지고 있습니다. 누구나 따뜻한 마음을 나누고 배려받기를 원합니다. 함부로 대하거나 무시당하는 것을 원하지 않습니다. 편안하고 안정된 상황에서 자신의 능력을 마음껏 펼치기를 원합니다. 내가 다른 사람을 인정하고, 존중하고, 사랑하면 상대도 나를 인정하고, 존중하고, 사랑합니다. 이기적인 사람은 친구가 없습니다. 행복할 수 없습니다. 이기적인 행복은 있을 수 없습니다. 이타적인 행복이 진정한 행복과 밀접한 관련이 있습니다. 자비심의 공덕을 생각할수록 자비심이 커지고 이기심의 단점을 생각할수록 이기심이 작아집니다.

몸과 마음은 떼려야 뗄 수 없는 관계이기 때문에 마음이 편할수록 몸에 혜택이 있습니다. 마음이 편하려면 자비심을 가져야 합니다. 명상과 자비심으로 몸의 건강을 변화시킬 수 있습니다. 자비심이 커질수록 인간관계도 좋아지고 인생 자체가 좋아집니다. 얼굴도 좋아집니다. 아름다워지는 비법이 여기에 있어요. 성형수술을 할 필요가 없습니다.

이기적이면서 번뇌가 많은 사람은 건강할 수 없습니다. 정말 건강한 사람은 마음이 건강한 사람입니다. 심리학자들은 우리 몸은 습관적인 감정이 박혀 있는 곳이라고 했습니다. 이유 없이 몸이 아프고 통증이 있다면 어떤 감정을 습관적으로 가졌거나 부정적인 생각이 오랫동안 쌓여 몸이 건강하지 않은 것입니다.

자비심의 혜택이 몸에 나타난다는 게 과학적인 연구로도 밝혀졌습니다. 예를 들면 면역력이 좋아지고 병치레를 덜하며 더 오래 살게 된다고 합니다. 행복의 조건이 자비심, 이타심이라는 게 밝혀진 것이지요.

밥을 먹을 때 두 가지의 자비 수행을 할 수 있습니다. 첫 번째는 밥상이 내 앞에 차려질 때까지 애쓴 모든 중생에게 고마운 마음을 갖는 것입니다. 밥상 위에 놓인 밥과 반찬은 수많은 사람들의 손길을 거쳐 내 앞에 놓인 것입니다. 음식이 내 밥상에 놓일 때까지 밭에서 죽어 간 숱한 생명체들, 수많은 사람의 땀과 노력이 있었습니다. 그 생명체와 사람들이 바로 앞에 있는 것처럼 상상하면서 고마운 마음을 갖는 것입니다. 긴 시간 동안 할 필요도 없습니다. 마음으로, 짧게 하면 됩니다. 그것만으로도 뜻있는 식사가 됩니다.

두 번째 자비 수행은 다른 사람도 나와 같이 맛있는 음식을 먹으면 얼마나 좋을까 하는 마음을 갖는 것입니다. 내가 맛있는 음식을 먹으며 즐거워하는 것처럼 다른 사람도 즐거워지기를 바라는 마음을 내는 것입니다.

일부러 자비심을 키울 필요가 있습니다. 고통을 받고 있는 사람, 살기 힘든 이들을 만나면 자비심을 내어 '진정한 행복을 찾길 바랍니다. 좋지 않은 상황에서 빨리 벗어나기를 바랍니다' 하고 마음속으로 기도하며 자비심을 내는 것입니다. 우리들 대부분은 이기적인 생각을 하는 습관이 있어서 남을 위한 생각을 잘하지 못하기 때문입니다. 자비심을 키우기 위해 구체적으로 실천해 보는 것이지요. 자비심이 행복입니다. 자비심만 기르면 다른 모든 좋은 성품은 저절로 따라옵니다.

## 이기적인 마음
## 다스리기

살면서 이루고 싶은 모든 것은 발원으로 이룰 수 있습니다. 선한 마음도 발원으로 이룰 수 있습니다. '오늘 하루를 낭비하지 않겠다. 열심히 살겠다. 고단하고 힘이 없고 몸이 아파도 최선을 다해서 오늘을 열심히 살겠다. 최선을 다해 다른 사람의 행복에 기여하겠다. 다른 이를 격려해 주는 사람이 되겠다. 남을 부정적으로 보지 않겠다. 화를 내지 않겠다'고 발원하는 것입니다.

순수한 발원은 나뿐만 아니라 다른 사람도 행복하게 합니다. 왜냐하면 우리 마음은 우리가 생각하는 것보다 더 큰 힘을 가지고 있기 때문입니다

아침마다 자비의 발원, 수행의 발원을 해 보세요. 하루의 방향은 아침에 결정됩니다. 아침에 일어나면 상쾌한 날도 있지만 쓸데없는 생각이나 부정적인 생각이 일어나는 날도 있습니다. 생각을 굴리는 대신에 밥을 준비하거나 목욕을 하며 생각날 때마다 짧게 발원을 해 보세요. 발원을 하는 것도 알아차리는 것입니다. 인생을 어떻게 살 것인지, 오늘 하루를 어떻게 살 것인지 그 동기를 아침에 만들어 보는 것입니다

마음이 힘들면 하루가 고단합니다. 마치 오늘이 마지막인 것처럼 남을 돕는 하루를 보내겠다는 의미 있는 발원을 하고 그

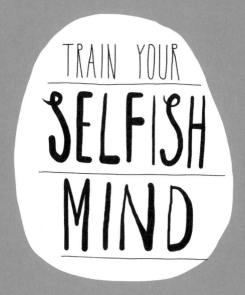

TRAIN YOUR
SELFISH
MIND

다른 사람을 도와주기 싫을 때
'나도 언젠간 도움이 필요할 것이다' 생각하고 도움을 주세요.
처음에는 이기적인 마음을 이렇게 훈련시켜야 합니다.
남을 도와주는 것에 익숙해지면 자연스럽게 순수한 마음으로 하게 될 것입니다.

런 동기를 만들면, 실제 그런 하루를 보낼 수 있습니다. 밤에 잠자리에 들 때 오늘 참 의미 있는 하루였다, 보람찬 하루였다고 느끼게 될 것입니다.

달라이라마 존자님은 아침에 일어날 때마다 이렇게 발원해 보라고 말씀하셨습니다.

"오늘 잠에서 깨어나 이렇게 살아 있는 것이 행운이다. 나는 귀하고 얻기 어려운 인간의 몸을 가지고 있다. 오늘 하루를 낭비하지 않을 것이다. 최선을 다해 나를 영적으로 발달시키고 남들에게 내 마음을 열고 모든 중생을 위해서 해탈을 이루겠다. 나는 사람들에 대해 좋은 생각을 가질 것이다. 오늘 화를 내거나 남들에 대해서 나쁘게 생각하지 않을 것이다. 할 수 있는 만큼 힘껏 남을 돕겠다."

모든 사람이 행복하기를 바라는 마음을 무량한 발원이라고 합니다. 새 옷을 살 때도 무량한 발원을 할 수 있습니다. 좋은 선물을 받을 때도 할 수 있습니다. 아름다운 곳을 여행할 때도 할 수 있습니다. 내가 좋은 것을 가지면서 즐거움을 누리듯이 모든 중생도 나와 똑같이 행복했으면 얼마나 좋을까 하고 발원해 봅니다. 이렇게 발원을 하면 물건에 대한 집착이 떨어지고 자비심도 키울 수 있습니다.

할 일이 많은데 게으름 피우고 싶을 때가 있습니다. '나만 아니라 다른 중생도 이런 게으름이 불편할 거야. 게으름에서 벗어나는 게 참 힘들어.' 이런 생각이 들면 모든 중생이 게으름에서 벗어나기를 발원해 보세요.

화가 나거나 불편한 감정이 들 때 '내가 불편하듯이 다른 사람도 얼마나 불편할까. 나만 아니라 모든 사람이 이 불편함에서 벗어나기를' 발원하세요. 자비심을 내면 다른 사람이 화내는 마음도 이해할 수 있습니다.

하루 세 번, 밥 먹을 때마다 무량한 발원을 하고, 불편한 상황에 놓일 때마다 발원을 하면 하루하루가 행복해지고 자비로운 마음이 커질 수 있습니다.

'나를 보거나, 내 목소리를 듣거나, 나를 생각하는 사람에게 행복이 일어나게 하소서.'

하루하루의 변화를 바로 확인할 수 없어도 시간이 지나면 차분해지고 편안해진 자신을 보게 될 것입니다.


## 2% 친절 수행

우리의 삶과 다른 사람의 삶을 좀 더 밝게 만들 수 있는 방법으로 또 어떤 것이 있을까요? 바로 2% 친절입니다.

제 은사스님이신 뻬마 왕겔 린포체님은 누구한테나 늘 밝고, 친절하게 대하십니다. 저는 어머니 없이 자랐는데, 은사스님을 만난 뒤로 저한테 어머니가 생겼습니다. 어머니 같은 따뜻하고 조건 없는 사랑을 느꼈기 때문입니다. 은사스님은 프랑스에 있는 송센(SONTSEN)이라는 수행 단체를 이끌고 있는데, 그곳에는 500분쯤 되는 수행자들이 수행하고 있습니다. 티베트 불교 경전과 큰스님들 책을 여러 언어로 번역하는 역경원도 세우셨는데, 정확하고 읽기 쉬운 번역으로 손꼽히는 곳입니다. 네팔에서 은사스님과 같이 지내다 보면 여러 가지 일들을 목격하곤 합니다. 아침을 드신 뒤 남은 음식은 옥상에 가지고 올라가서 까마귀와 새들에게 주려고 잘게 찢어서 둡니다. 길을 가다가 가난한 장사꾼들이 옥수수나 기념품 같은 것을 파는 걸 보면 그것을 다 사서 가난한 사람들과 제자들에게 나눠 주십니다. 친절하고 따뜻한 분이라 사람들은 은사스님 곁에 있는 것을 좋아합니다.

처음에는 은사스님과 같이 다닐 때 모르는 사람에게도 인사를 해서 창피하게 생각한 적이 있습니다. 마음속으로 '오, 그러지 마세요' 하며 부끄러워했죠. 그런데 지금은 저도 은사스님처럼 모든 사람을 따뜻하게 대하기를 바라고 그렇게 하려고 애쓰고 있습니다. 비록 아주 짧은 시간이지만 다른 사람을 밝게, 행복하게 해 주고 싶기 때문입니다. 이 수행을 2% 친절이라고 합니다.

2% 친절 수행을 하는 것은 어렵지 않습니다. 예를 들면 톨

게이트를 지날 때 친절하게 인사합니다. 그냥 인사를 하는 것입니다. 물건을 살 때도 부드럽게 웃으며 점원에게 인사합니다. 저희 동네 편의점 아저씨는 정말 친절하세요. 늘 밝고 반가운 목소리로 친절하게 인사를 합니다. 그래서 편의점에 갈 때마다 기분이 좋아지고 그분의 좋은 에너지를 받고 싶어서 다시 가기도 합니다. 살 물건이 없어도 다시 가게 됩니다.

2% 친절은 서로서로 인간적으로 대하는 것입니다. 이렇게 한다고 해서 손해 보지 않습니다. 오히려 밝게 인사하면서 저도 기분이 밝아집니다. 제 인생과 다른 사람의 인생 모두 조금 더 행복해졌습니다. 친절하게 대하는 연습을 하고 그 마음을 기르면 하루하루 더 밝아질 수 있습니다.

또 이렇게도 해 볼 수 있습니다. 딸한테서 전화가 왔습니다. 전화를 받기 전에 딸이 행복하기를, 행복하게 하루를 보낼 수 있기를 생각하면서 전화를 받습니다. 누구한테 문자를 받았을 때 답 문자를 보내는 것이 귀찮을 때가 있습니다. 그 사람 처지를 생각하지 않고 '이런 문자는 무시해도 돼, 답하는 게 귀찮으니 안 해도 돼' 하고 생각할 때가 있습니다. 직장 상사가 문자를 하면 의무적으로 답을 할 때도 있습니다. 그런데 작고 친절한 한마디가 다른 사람을 행복하게 한다면 어떨까요? 자비의 문자, 사랑의 문자를 보낼 수 있지 않을까요?

물건을 사러 편의점에 가서 일하는 아르바이트 학생에게

갑자기 "사랑합니다. 좋은 하루 보내세요" 하고 말한다면 이상하게 보일 수 있겠지요. 꼭 말을 하라는 것이 아니라 아주 짧게 마음속으로 기원하면 됩니다. 이렇게 하면 우리 마음이 행복해집니다. 자비심이 행복이라는 것을 체험할 수 있습니다. 우리가 좋은 마음을 내면 다른 사람도 알게 됩니다.

2% 친절 수행도 다른 모든 수행처럼 연습이 필요합니다. 조금만 더 친절하게 대해야 한다는 것을 늘 기억할 필요가 있습니다.

살다 보면 좋아하는 사람, 좋아하지 않는 사람 그리고 좋지도 싫지도 않는 사람, 세 종류의 사람을 만나게 됩니다. 이때 누구를 만나든 만나는 사람마다, 생각이 나는 사람마다 자비심을 내 봅니다. 어떤 분들은 매번 그러면 피곤하지 않겠냐고 하는데 하루에 몇 번만 해도 되고, 생각이 날 때만 해도 됩니다. 남을 도울 수 있는 기회를 놓치지 말아야 합니다. 다시 오지 않을 수 있습니다. 도와줄 수 있는 만큼 도와주겠다는 결심을 해야 합니다. 기회가 단 한 번만 오고 다시 오지 않을 수 있습니다. 선행을 하지 않으면 후회만 남습니다. 다른 사람에게 힘을 줄 수 있는 기회가 있다면, 다른 사람을 웃게 해 줄 기회가 있다면, 언제든 흔쾌히 당연히 하세요. 우리를 만나는 것으로 조금 더 밝고 행복할 수 있게 도와주세요.

누구를 만나든 작은 행복을 나눌 수 있다는 것, 하루하루 친절한 사람이 될 수 있다는 것을 기억하세요.


## 티베트 스승들께 배운
## 행복해지는 수행법

행복은 누구나 고통을 원치 않으며 행복해질 권리를 가지고 있다는 것을 진정으로 이해하고 받아들이며 자비심으로 다른 사람들을 감싸 안는 것에서 옵니다.

평생 많이 가지려고 노력하지만 사실 얼마나 많이 가졌나, 좋은 일이 얼마나 많은가에 따라 행복한 것이 아닙니다. 마찬가지로 불행한 것도 나쁜 일이 많이 일어나서 불행한 것이 아닙니다. 행복의 비결은 바로 감사하는 마음, 만족하는 마음에 달려 있습니다. 행복한 사람은 좋은 일에 감사할 줄 아는 사람, 불행한 사람은 불행한 일에 매달려 있는 사람입니다. 감사하는 마음, 만족하는 마음이 중요합니다.

어쩌면 행복해지는 비결은 우리가 이미 다 알고 있는 아주 사소한 것들일지도 모르겠습니다. 티베트 스승님들께 배운 행복해지는 수행법을 나누고자 합니다.

첫째, 단순하게

살면서 신경 써야 할 일들이 너무나 많습니다. 늘 머리가 무겁고 삶이 복잡합니다. 이때 수행은 줄이는 것, 버리는 것입니다. 뭔가를 더 사고 생각을 많이 하는 것보다 버리는 것이 더 좋습니다. 소유물을 줄이고, 말도 줄이고, 생각도 줄이고 단순한 것이 인생을 편안하게 합니다. 법정 스님이나 헨리 데이비드 소로는 단순한 삶을 산 대표적인 분들이지요. 마티유 리카르 스님은 신발이 단 한 켤레입니다. 그러고 보니 저는 다섯 켤레나 되는군요. 신발도 줄이고 옷도 줄이고 가구도 줄이면 마음이 훨씬 더 홀가분할 겁니다. 그런데 왜 적게 가지는 것이 더 행복할까요?

우리는 더 많은 재물과 능력을 갖고 많은 사람들과 관계를 맺는 게 더 많은 힘을 가질 수 있다고 믿습니다. 힘을 많이 가지면 가질수록 더 안전하고 자랑스럽고 행복하다고 믿기 때문입니다. 덜 가졌기 때문에 불안하다고 생각하니까 불안해지지 않으려고 더 강하고 센 힘을 원합니다. 그래서 늘 무엇인가를 더 가지려고 합니다. 무엇이 갖고 싶은지도 모른 채 오로지 많이 가지려고만 합니다. 그러다 보니 더 많이 갖기 위해 신경 쓸 일이 많아지고, 가지고 나면 빼앗기지 않으려고 신경을 쓰게 됩니다. 결국 진정한 자유와 편안함에서 점점 멀어지게 됩니다.

돈이 행복의 원천이 아니라는 것을 알고 있습니다. 생활을 편안하게 꾸리려면 적당한 돈이 필요합니다만 돈이 많으면 집착, 인색함, 방어, 두려움 같은 것들이 일어납니다. 돈을 많이 가질수록 부족함도 커집니다. 9억이 있다 해도 10억을 채워야 하기 때문에 마음이 가난해집니다. 늘 모자란 느낌, 만족스럽지 않은 느낌으로 갈망이 커집니다.

이미 충분히 많이 가지고 있지 않나요? 있는 것은 버리고, 나누고, 더 이상 사지 말고, 꼭 필요한 것만 사는 연습이 필요합니다.

Less is More. 덜 하는 것이 더 하는 것, 덜 있는 것이 더 있는 것입니다.

둘째, 자연과 더불어

우리 둘레에 아름다운 산과 들, 강과 공원이 참 많습니다. 강을 바라보거나 산에 오르다 보면 감탄이 절로 나옵니다. 언제든 마음만 먹으면 걸어 다닐 수 있고, 아름다움에 흠뻑 취할 수 있어 좋습니다. 마냥 걷기만 해도 좋습니다. 혼자라도 얼마든지 즐길 수 있습니다. 자연에 마음을 쉴 수 있는 것, 그것이 행복의 비결입니다. 가까운 자연을 찾아 더불어 지내세요. 짧은 순간이라도 자연 속에 머무르며 하나가 되어 보세요.

셋째, 혼자만의 시간을 갖는 것

공원이든 방 안이든 혼자만의 시간을 가져 보세요. 다른 사람 없이 온전히 혼자 있는 것입니다. 날마다 혼자만의 공간에서 시간을 갖는 것은 자신에게 위로가 됩니다. 이 시간은 온전히 자신만을 위한 시간입니다. 이 시간에 명상을 하든, 요가를 하든, 책을 읽든, 그저 홀로 머물러 보는 것입니다.

넷째, 가 보지 않은 새로운 곳에 가 보고, 해 보지 않은 새로운 일을 해 보는 것

새로운 환경은 닫혀 있는 마음을 열게 합니다. 새로운 곳에서 다양한 사람들과 다양한 문화를 만나면 새롭게 생각하고 새로운 마음을 가질 수 있습니다. 경제적으로 어려운 나라에 가면 다른 문화를 볼 수도 있지만, 고통을 바로 볼 수 있는 기회가 되기도 합니다. 물질적으로는 어려워도 인간적인 정서나 정신적인 가치를 소중히 여기는 것을 만날 수도 있을 것입니다. 새로운 곳에 가는 것은 자신이 가지고 있던 생각이나 개념을 흔드는 일입니다. 삶에 더 감사하고 어떻게 살아야 하는지 다시 생각해 보게 합니다. 나와 다른 것을 받아들이게 합니다.

그밖에도 많이 웃는 것, 친절하게 인사하는 것, 다른 사람 일에 간섭하지 않는 것, 잠을 충분히 자는 것, 다른 사람을 너그럽게 봐주는 것도 사소하지만 행복해지는 방법입니다. 몇 가지라도 실천할 수 있다면 좋겠습니다. 저도 실천하기 위해 노력하고 있습니다. 저에게 도움이 되었기에 함께 나누고 싶은 비결들입니다.

# 삶의 고통을 부인하는
# 마음습관

## 고통 삼매에
## 빠지다

작은 일을 크게 만들고 없는 문제도 만들어 내는 것은 우리
마음이 잘하는 일이라고 말씀드렸습니다. 생각을 따라가다 보면
망상을 만들게 되고 그 망상의 사슬에 감겨 온 하루를 버릴 수
있고, 심지어 평생을 보내기도 합니다. 이것을 심리학에서는 부
정적 반추라고 하는데 저는 고통 삼매라고 말하겠습니다. 마치
삼매경에 빠진 것처럼 자신이 만든 고통에 깊이 빠져 있는 것이
지요. 아니면 생각 중독자라고 말해도 될 것 같아요. 자신을 괴
롭히는 생각에 중독되어 있다는 것이지요.

마음이 가진 다섯 번째 습관은 고통을 부인하는 것입니다. 고통이 없기를, 행복만 있기를 바라는 마음이죠. 그런데 실제로는 고통을 밀어내고 부인하면서도 고통스러운 생각과 감정을 끊임없이 이어 가서 자신을 힘들게 만듭니다.

　　마음이 원수라고 하는 말에 동의하시나요? 자기 자신을 가장 많이 괴롭히는 존재는 바로 자기 마음입니다. 예를 들어 친구가 한 행동에 화가 났던 때를 떠올려 보세요. 한번 일어난 화는 머릿속에서 떠나지 않고 밥을 먹으면서도, 사람들하고 이야기할 때도, 화장실에 가서도 끊임없이 떠올라 계속 화가 납니다. 화에 사로잡혀 있는 것이지요. 화를 떨치려고 할수록 더 악착같이 붙어 있습니다. 이런 생각들은 마음을 무겁게 하고 신경을 팽팽하게 당겨서 몸도 긴장하게 만듭니다. 없던 두통도 생겨날 판입니다. 나중에는 화가 난 그 일에만 화를 내는 것이 아니라 과거에 지나갔던 일에 대해서도 화가 나고 일어나지도 않은 미래까지 상상하며 화를 냅니다. 흔히 삼매에 들기 어렵다고 하는데 고통 삼매는 좀 쉽지 않나요?

행복을 원한다면
먼저 고통을 받아들여라.
눈물을 흘리지 않으면
웃음의 가치를 모를 것이다.
─청나와 로도 겔첸

## 고통에서 벗어나려면
## 먼저 고통을 받아들여야 한다

부처님은 깨달음을 얻은 뒤 처음으로 하신 말씀이 '인생에는 고통이 있다'는 것이었습니다. 우리가 그렇게 인생에서 밀어내려고 하는 그 고통 말입니다. 부처님은 누구나 겪는 고통이 있고, 그 괴로움에는 세 가지가 있다고 하셨습니다.

첫째는 '당연한 고'입니다. 누구나 고통이라고 알 수 있는 고통, 이를 고고(苦苦)라고 합니다. 태어나면 누구나 겪어야 하는 괴로움으로 태어남, 늙음, 배고픔, 목마름, 질병, 죽음과 같은 육체적 고통, 슬픔이나 화 같은 감정적 문제, 심신을 괴롭게 하는 고통, 괴로움을 괴롭다고 인식하는 고통을 말합니다.

둘째는 '즐거움이 고통으로 변하는 고'입니다. 괴고(壞苦)라고 하지요. 맛있는 음식, 연애, 성관계, 즐거움 같은 흔히 행복이라고 불리우는 것들입니다.

사랑하는 사람과 처음에는 손만 잡아도 즐겁습니다. 두 번, 세 번 만나는 횟수가 늘고 사귀는 시간이 길어지면 손만 잡는 것으로는 만족하지 못합니다. 그래서 더 깊은 접촉을 원하게 됩니다. 연애가 주는 행복감은 더 강렬한 다른 것을 원하게 되고, 그래서 결국 오래가지 못하는 것이지요. 돈을 많이 갖고 그래서 부자가 되면 한동안은 행복합니다. 하지만 돈이 주는 행복의 유효

기간이 지나면 돈에 대한 집착이 심해지고 인색한 마음이 생겨나 잘 베풀지 못하고 돈이 없어질까 봐 두려움이 커집니다. 돈이 많아도 가난한 것이지요. 욕망은 끝이 없고 마음의 평화와 점점 멀어집니다.

세상의 행복은 지금은 즐겁지만 곧 고통으로 변합니다. 우리는 평생 행복을 갖기 위해 밖으로 눈을 돌려 그것을 찾아다닙니다. 하지만 평생을 노력해도 결국은 다 무너져 버리는 고통입니다. 쇼핑을 좋아하는 사람은 계속 더 사고 싶어서 만족을 모른 채 갈증만 남습니다. 돈이나 명예, 권력을 가졌을 때도 처음에는 흥분되고 행복하지만 이 역시 오래가지 않습니다. 이룰수록 갈망이 더 심해집니다. 그런 면에서 우리는 중독자입니다. 쾌락 중독자, 즐거움 중독자, 음식 중독자, 수다 중독자입니다. 여러분은 어떤 중독자인가요?

괴고는 독버섯처럼 먹으면 맛있지만 곧 죽는다는 것을 알려 줍니다. 부처님은 세속적인 쾌락은 소금물을 마시는 것처럼 갈망이 더 커지며 날카로운 칼에 묻은 꿀을 핥아 먹는 것과 같다고 했습니다. 칼에 베일 수 있는 위험이 있는데도 잠깐이나마 달콤한 꿀맛을 보기 위해 위험한 행동을 하는 것이지요. 이렇듯 행복인 줄 알고 쫓아다니지만 사실 매우 위험한 일입니다. 행복인 줄 착각한 채 없으면 갈망하게 되는 것, 바로 이 갈망이 괴로움입니다. 즐거움을 즐길수록 불만이 늘고 집착하거나 중독에 빠지기 쉽습니다.

혹시 주변에 알코올 의존증인 분이 계신가요? 그런 분의 이야기를 들으면 참 안됐다고 생각할 거예요. 우리는 그가 불행하다는 것을 알고 있습니다. 스스로가 삶의 주인이 아니라 알코올이 그의 삶의 주인이라는 것을 알고 있기 때문입니다. 하지만 알코올에 중독된 사람은 술을 마실 때 행복해합니다. 어쩌면 우리도 그와 같지 않을까요?

셋째는 '어디에나 스며 있는 고'입니다. 행고(行苦)라고 하지요. 불만족, 공허함, 조용한 절망의 의미가 포함된 고통입니다. 괴로움의 뿌리와 같은 것을 말합니다. 우리의 삶 자체가 고통이라는 것입니다. 모든 현상은 조건에 의해 생겨나고 변화한다는 의미에서의 괴로움을 말합니다. 내적, 외적으로 그 어떤 조건에 의지해서 경험하는 모든 행복이나 불행은 행고에 해당됩니다. 부처님께서 '고통을 알아야 된다'라고 하실 때의 고통은 바로 괴고와 행고의 고통을 뜻합니다.

행고는 마치 먼지처럼 어디에나 깔려 있는 고통이며 누구에게나 있는 고통이지만 사람들은 잘 보지 못합니다. 헨리 데이비드 소로가 대부분의 사람들은 조용한 절망 속에서 산다고 표현했듯이 우리 마음 밑, 보이지 않는 곳에 늘 있습니다. 호숫가 바닥에 깔려 있는 진흙과 같은 기본적인 불만입니다.

고통에서 벗어나 행복해지려면 삶에 고통이 있다는 것을

알아야 합니다. 사실 이 삶 자체가 굉장히 힘듭니다. 우리 대부분은 힘들게 살아왔고 잘 살고 싶었지만 잘 못 살았어요. 행복을 원했지만 행복의 원인은 버리고, 고통의 원인을 만들었어요. 고통이 없고 슬픔이 없는 사람은 어디에도 없습니다. 그러므로 고통을 받아들이면 거기서부터 변화가 옵니다.

누가 고통을 원하겠어요. 하지만 고통에서 교훈을 얻어 성장하는 계기가 된다면 고통을 고맙게 생각하지요. 고통은 행복을 가져올 수도, 불행을 가져올 수도 있습니다. 고통을 어떻게 받아들이는지에 따라 달라집니다. 어느 것도 영원하지 않고 무상하다는 것을 안다면 고통에서 벗어날 수 있습니다.

## 고통의 본질

고통은 어떤 특징이 있는지 한번 살펴보겠습니다.

- 먹구름처럼 어둡더라도 실체가 없습니다.
- 파도처럼 왔다 갔다 합니다.
- 생로병사처럼 피할 수 없는 삶의 자연스러운 일부입니다.
- 좋게 보면 기회이고 나쁘게 보면 위기입니다.

- 폭풍처럼 무섭지만 곧 지나갑니다.
- 고통을 개념화하면(생각으로 무엇을 만드는 것) 커집니다.
- 고통이 사라지기를 바라는 마음은 오히려 고통에게 힘을 줍니다.
- 고통을 피하지 않고 보면 고통은 약해집니다.
- 기꺼이 받아들이면 견딜 만합니다.
- 고통은 오만을 없애 줍니다.
- 고통은 업장을 없앨 수 있는 기회입니다.
- 텅 빈 하늘의 바람처럼 별일이 아닙니다.
- 꿈에서 겪는 고통처럼 마음이 만든 환영일 뿐입니다.

이렇게 삶의 고통을 알면 다음과 같은 혜택이 생깁니다.

첫째, 삶에 대한 기대가 줄어들어 스스로를 친절하게 봐줄 수 있습니다. 안 좋은 행동을 해도, 고통 속에서 어쩔 수 없이 그런 행동을 하는구나 하고 자신에 대해 연민을 가질 수 있습니다.

둘째, 다른 사람에게도 연민을 느낄 수 있습니다. 그도 힘드니까 그렇게 행동하는구나, 나만 힘들게 사는 게 아니구나, 우리 모두 그렇게 사는구나, 이것이 삶 자체구나 하고 이해하게 됩니다.

셋째, 다른 사람이 잘해 줄 때 고마워할 줄 알게 됩니다. 친절한 말 한마디에도 그런 어려움 속에서도 좋은 마음을 내다니

참 고맙다고 생각합니다.

넷째, 욕망과 고통에서 벗어나야겠다는 마음이 생깁니다.

고통의 본질을 이해하고 고통이 우리에게 주는 혜택을 알게 되면 우리의 인생에서 고통을 밀어내고 부인하려는 마음습관을 더 이상 만들지 않을 수 있습니다.

그렇다면 한 발 더 나아가서 고통을 행복으로 바꾸려면 어떻게 해야 할까요?

첫째, 좌절에 빠지지 않고 희망을 갖는 것입니다. 끝까지 희망을 잃지 않는다면 업을 소멸할 수 있습니다.

둘째, 모든 고통과 병은 탐·진·치 악행의 결과라는 것을 알아야 합니다. 욕심을 부리고 미워하고 어리석어서 온갖 괴로움을 만들었습니다. 누구를 탓할 수 없고 스스로 책임을 져야 합니다.

셋째, 다른 사람을 탓하지 않고 개념화하지 않으면 고통에서 배울 것이 있습니다. 업을 정화할 수 있는 계기가 됩니다.

넷째, 고통은 영원하지 않고 지나간다는 무상을 명상하세요. 앞으로 고통을 원하지 않는다면 오늘을 의미 있는 하루, 자비심을 실천하는 하루로 만드세요.

다섯째, 고통은 당연한 겁니다. 이것이 윤회예요. 무엇을 바라겠습니까.

여섯째, 자신감을 가지세요. 자신이 무한한 가능성인 불성을 가진 존재라는 것을 잊지 마세요.

일곱째, 확신을 갖고 결의를 하세요. 절대 포기하지 않고 희망을 잃지 않겠다고 마음을 굳건히 하세요.

여덟째, 용기를 가지세요. 우리 내면의 무한한 자비와 지혜, 능력을 연결해 주는 것은 용기입니다.

누구나 행복을 바라지만 행복하지 않은 이유는 바로 고통과 고통의 원인을 모르기 때문입니다. 고통과 고통의 원인을 알게 되면 자신과 다른 사람을 이해하고 받아들이게 됩니다. 밖에서 얻는 행복이나 잠깐 느끼는 가짜 행복이 아니라 진짜 행복을 갖게 됩니다.

이제 우리가 행복이라고 하는 것들에 대해 알아볼까요?


## 진짜 행복,
## 가짜 행복


행복해지기 위해 다음 중에서 한 가지를 고르라고 하면 어느 것을 고르시겠습니까? 첫 번째는 돈과 행복 둘 다 있는 것, 두 번째는 돈은 있는데 행복은 없는 것, 세 번째는 돈은 없는데 행복은 있는 것, 네 번째는 돈도 행복도 없는 것. 이렇게 네 가지가 있습니다. 아마 대부분은 첫 번째를 선택하겠지요?

왜 우리가 행복하지 못할까요? 행복을 찾고 있기 때문입니다.
행복을 찾고 있는 마음을 내려놓으면 행복이 있습니다.
내려놓는 연습을 계속하다 보면 행복감을 점점 더 많이 느끼게
됩니다. 이 행복감은 조건 없는 평화, 우리 그 자체입니다.
더 이상 찾지 마세요. 행복을 찾는 마음을 내려놓으세요.

그럼 다시 질문해 볼게요.

돈과 행복 둘 가운데 하나를 고르라고 한다면 무엇을 고르시겠어요? 대답이 나눠지겠지만 돈을 고른 분이 이렇게 말하더군요. "돈을 선택해서 행복을 사면 되죠." 둘 다 갖고 싶지만 돈이 있으면 무엇이든 가질 수 있고 행복까지도 살 수 있다고 생각하는 것 같습니다.

몇 년 전, 우리나라 고등학생 절반쯤이 '10억 원이 생긴다면 죄를 짓고 1년 정도 감옥에 가도 괜찮다'고 생각한다는 조사 결과를 본 적이 있어요. 최근에는 그렇게 생각하는 학생이 10%쯤 더 늘었다고 해서 한 번 더 놀란 적이 있습니다.

이런 생각이 틀렸다 맞다 이야기하기 전에 돈이 왜 이렇게 중요한 가치 기준이 되었을까요? 어떻게 행복의 기준이라는 생각까지 하게 되었을까요? 사실 돈은 좋지도 나쁘지도 않습니다. 다만 돈을 행복의 절대적 기준으로 생각하거나 가장 중요하다고 생각하는 것이 문제겠지요.

어떨 때 행복하다고 느끼는지 묻는다면 뭐라고 대답하시겠습니까? 사람마다 다르겠지만 많은 사람들이 사랑에 빠졌을 때, 돈을 많이 벌었을 때, 대학 진학이나 취업 같은 원하던 것을 이뤘을 때, 사회적으로 인정받는 지위를 얻었을 때, 가족 여행을 갔을 때, 칭찬받을 때 행복을 느낀다고 대답합니다.

우리 모두 행복해지기 위해 행복의 조건이라고 말하는 것들을 좇습니다. 저도 출가하기 전에 연애를 해 본 적이 있습니다. 이렇게 행복할 수 있구나, 날아갈 정도로 즐겁고 세상을 다얻은 것 같았죠.

이런 일들은 분명 우리에게 기쁨과 즐거움, 행복감을 느끼게 합니다. 하지만 그 기쁨이 영원하지 않다는 공통점이 있습니다. 돈이나 명예도 마찬가지예요. 행복했던 첫 마음이 오래가지않는 그런 행복이지요. 저는 이것을 가짜 마음, 가짜 행복이라고 생각합니다. 처음에는 행복한 것 같지만 더 깊은 불만에 빠지게하기 때문입니다. 마음이 불편하면 좋은 집, 좋은 차가 전혀 도움이 되지 않습니다. 진정한 행복은 바깥에서는 찾을 수 없습니다. 행복은 고통을 알고 자신의 마음을 분명하게 보는 데 있습니다. 실제 우리가 살아야 하는 삶은 고통스럽습니다. 고통을 고통으로 받아들여야 행복합니다. 돈으로 행복이 오지 않습니다.

## 고통으로부터 자유로워지기

밍규르 린포체님은 세상에서 가장 행복한 사람으로 증명된바 있습니다. 신경 과학자들이 그의 뇌를 MRI로 찍었는데, 그뒤 지구에서 가장 행복한 사람이라는 별칭을 얻었습니다. 아 참,

이분 이야기를 하려던 것이 아니라 밍규르 린포체님의 아버님 이야기를 하려고 합니다.

린포체님의 아버님도 매우 훌륭한 명상가였습니다. 그분이 눈 수술을 받게 되었습니다. 그런데 마취를 담당한 사람이 깜빡 잊고 마취를 안 한 채 수술을 한 것입니다. 눈동자가 움직이는 것을 보고 그때에야 마취를 하지 않았다는 것을 알게 되었습니다. 보통 사람 같으면 고통스러워 당장 뛰쳐나갔겠지요. 그런데 그분은 전혀 움직이지 않으셨다고 해요. 위대한 스승님들처럼 공성(空性)을 깨우치면 통증이 고통스럽지 않습니다. 통증은 나쁘지도 즐겁지도 않습니다. 고통스럽지 않습니다. 통증에 대한 거부감, 두려움 때문에 통증이 고통스러운 것이지요.

통증 명상이나 몸 명상은 몸의 힘을 빼는 것입니다. 그런데 통증 명상을 하면 통증이 없어질까요? 실제로 더 심하게 느껴질 수도 있어요. 하지만 뭐가 사라질까요? 바로 통증에 대한 거부감, 두려움이 사라집니다. 사실 우리는 통증에 대한 거부감, 두려움 때문에 통증을 못 견디는 것입니다. 통증 자체는 고통이 없습니다. 우리는 습관 때문에 통증을 거부해서 아픈 거예요. 습관을 닦으면 어떤 통증이라도 고통스럽지 않습니다. 믿어지지 않죠?

삶이 고통스러울 때 그 고통을 바라보세요. 힘을 빼고 바라보세요. 고통을 거부하고 저항하던 것을 내려놓으세요. 이렇게 하면 마음습관을 닦을 수 있습니다. 불교는 고통을 없애는 것이

# OUR MIND IS LIKE A FLASHLIGHT IN A DARK NIGHT.

우리 마음은 깜깜한 밤의 손전등과 같습니다.
쓰레기만 비추면 쓰레기만 있는 것 같지만
꽃을 비추면 아름다운 꽃이 보입니다.
문제만 생각하면 문제만 있는 것 같아 괴롭지만,
우리한테 있는 수많은 복을 생각하면 행복해집니다.

아니에요. 있는 고통을 받아들이는 게 불교입니다.

고통으로부터 자유로워지는 한 가지 방법을 더 알려 드릴게요. 고통이 있을 때는 자신의 좋은 점이 보이지 않습니다. 고통이 있을 때는 고통만 집중적으로 보게 되고, 바로 고통 삼매경에 들어갑니다. 그래서 고통에만 집중하게 됩니다. 이때 해 볼 수 있는 방법이 감사를 드릴 것들을 찾아 적어 보는 것이지요. 아주 사소한 것도 괜찮습니다. 사실 우리가 아침에 일어나 걷는 것도, 세수를 하고 밥을 먹는 것도 얼마나 감사한 일인지 모릅니다. 감사는 고통 삼매경에서 빠져나오는 데 큰 힘이 될 것입니다.


## 트라이 마인드, 다시 시도하기


우리는 밀당을 잘합니다. 연인들만이 밀당을 하는 것이 아니라 스스로도 밀당을 합니다. '오늘은 명상을 하지 말고 내일부터 해야지⋯⋯' '이것은 좋은 거니까 하고 저건 나쁘니까 안 해야지' 하면서 자신과 타협을 하는 것입니다. 첫날에는 알아차리기와 명상이 잘되니까 명상하고, 다음 날에는 명상이 잘 안 되니까 시도도 하지 않습니다. 수행이 잘되면 하고 잘 안 되면 안 하려고 합니다. 마음은 좋은 것은 끌어당기고 싫은 것은 밀어낸다고 말씀드렸습니다. 좋지 않다고 판단한 것은 피하고 미뤄 둡니다. 잘하다가도 시련을 당하면 그만 멈춰 버리는 겁니다.

사실 삶은 오르락내리락합니다. 오르락내리락하는 게 삶의 본질입니다. 좋은 일이 있다가 나쁜 일이 생겼다가, 열정이 생겼다가 나태해졌다가…… 오르락내리락하는 것이 삶을 재미있게 한다고 할 수 있습니다.

그런데 싫은 것을 밀어내다 보니 처음부터 끝까지 일관성 있게 밀고 나가는 힘이 약합니다. 중간에 포기하게 되지요.

자기만의 기준으로 좋고 나쁘고를 정하고, 좋으면 끌어당기고 싫으면 밀어내는 이 마음습관을 대치하는 방법은 '다시 시도하기(try mind)'입니다.

밍규르 린포체님이 명상할 때 유일한 장애는 명상하지 않는 것이라 하셨습니다. 명상을 포기하는 게 장애란 것이죠. 알아차리려고 하는 마음만 있다면, 자비심을 가지려고 하는 마음만 있다면 마음을 닦을 수 있습니다. 알아차림이 있어도 없어도, 자비심이 있어도 없어도, 계속 노력하세요. 알아차림보다 더 중요한 것은 늘 알아차리려고 노력하는 마음입니다. 자비심보다 더 중요한 것은 늘 자비심을 가지려고 노력하는 마음입니다. 늘 알아차리려고 하는 의도, 늘 자비심을 가지려는 의도만 있으면 됩니다.

알아차림이 하나도 없고 몸이 무거울 때도 TRY!

모든 것을 포기하고 싶을 때도 TRY!

고단하고 기운이 없을 때도 TRY!

슬프고 지칠 때도 TRY!

아무도 도와주지 않아 외로울 때도 TRY!

마음이 아프고 삶이 너무 힘들 때도 TRY!

마티유 리카르 스님이 이런 비유를 들어 이야기한 적이 있습니다. 시계에 초침과 분침, 시침이 있어요. 초침은 째깍째깍 움직이지만 분침이나 시침은 움직이는 모습을 보는 게 쉽지 않습니다. 아주 천천히 조금씩 움직이기 때문이지요. 그런데 시침은 초침과 분침이 움직이기 때문에 움직입니다. 움직이는 게 잘 보이지 않는 큰 시침도 초침, 분침의 움직임이 쌓여 결국 움직이는 것이지요.

제가 어려웠을 때 마티유 리카르 스님께 편지를 보낸 적이 있습니다. 한동안 마음이 슬프고 좌절감이 들고 구도의 길에서 희망이 보이지 않았을 때였습니다. 그 마음을 편지로 써서 보냈습니다. 그런데 희망을 주는 따뜻하고 긴 편지가 왔습니다. "구도의 길에서는 누구나 어려움을 겪는다. 어려움이나 고통과 스스로를 동일시하던 마음도 조금씩 어려움을 알아차리게 되면서 마음의 본성과 동일시하게 될 것이다. 결국은 지혜와 자비의 마음과 동일시하게 될 것이다" 이런 내용이었습니다. 그 뒤로 자주 격려와 힘이 되는 말씀을 해 주십니다. 마치 좋은 형, 친절한 친구, 가까운 친척처럼 격려와 힘이 되는 스승이십니다.

아잔브람 스님은 이렇게 비유하셨어요. "회사에 다니는 분들은 달마다 월급을 받습니다. 날마다 출근해서 일하지만 날마다 돈을 받지는 않습니다. 하지만 그것이 쌓여서 월급으로 받습니다. 날마다 돈을 벌고 있는데도 모르는 것이죠. 하루하루가 쌓여서 한 달의 결과가 나오는 것입니다." 그렇듯이 1초라도 좌절하거나 포기하지 않으면 결국 안 좋은 상황에서도 혜택을 얻을 수 있습니다.

삶도 마찬가지입니다. 포기하지 않고 하나하나 이겨 내면 마음도 단단해지고 좋은 결과도 얻을 수 있습니다. 지금 당장 큰 성과를 얻지 못하지만 그것들이 모여 일정한 성과를 얻을 수 있습니다. 명상도 마찬가지입니다. 하루하루 결과를 보기 어렵습니다. 하지만 한 달, 1년이 지나면 차이가 납니다. 초침을 보듯이 보지 말고 시침을 보듯이 기다리세요.

물방울이 한 방울씩 떨어져 내려 바위를 뚫는다고 하지 않나요? 정진의 가치를 말하는 것이지요. 작은 것에서 시작되고 작은 것이 결과를 만듭니다.

희망을 잃지 않는다면 안 좋은 상황도 좋게 바뀔 수 있고 내면의 무한한 가능성을 끄집어낼 수 있습니다. 살면서 가장 유용한 방법이 시도하는 것입니다. 포기하고 싶고 잘 안 될 것 같은 생각이 들어도 시도합시다.

Just do it. 그냥 하면 됩니다.

숭산 큰스님도 "트라이, 트라이, 트라이, 만 년 동안 트라이! 오직 모를 뿐(몰라도 되는 마음으로) 앞으로 나가라."고 하셨습니다.

# 죽음을 받아들이지 않는
# 마음습관

## ⋮ 죽을 줄 모르는
## 사람들

　대다수의 사람들은 죽는 그 순간까지도 죽을 줄 모릅니다. 끝까지 살 거라고 생각하는 사람들이 대부분입니다. 우리 모두 죽지만 죽는다는 생각은 전혀 하지 않고 살고 있습니다. 죽음은 분명히 일어날 사실인데, 죽음을 사실로 받아들이지 않는 거지요. 물론 머리로는 당연히 죽을 거라는 것을 알지만 가슴으로는 확신이 없습니다. 저 역시도 없습니다. 받아들이지 않고 있다 보니 막상 죽을 때도 받아들이지 못합니다. 거부하게 됩니다.

　우리는 왜 죽음을 받아들이지 못할까요? 영원함, 변하지 않음에 대한 습관이 있기 때문입니다. 그래서 무상과 죽음이 사실인데도 부인하고 삽니다. 그러다 죽음이 오면 예기치 못한 충격으로 받아들입니다. 일어나지 말아야 할 일이 일어난 것처럼 억울해하고 한탄합니다. 나는 늘 건강하고 아프지 않을 것이라고 생각하고 있다 보니 병과 죽음이 닥쳤을 때 어떻게 할지 몰라 길을 잃어버리게 됩니다. 이것은 실상을 몰라서 그런 것입니다. 무지하기 때문입니다. 죽음이 끝이라고 생각하는 것이 무지입니다. 죽음이 올까 봐 두려워하고 그것을 잘 모르기에 두려워합니다.

우리를 고통스럽게 하는 마음습관 가운데 여섯 번째 마음습관으로 '죽음을 받아들이지 못하는 마음습관'을 들면 의문을 갖는 분도 있을 것입니다. 다른 마음습관들보다 훨씬 깊고 큰 개념이기 때문입니다. 그런데도 이것을 마음습관이라고 이야기하는 것은 죽음이 삶과 함께 있는데도 그것을 모르고 이 순간의 삶을 소중하게 받아들이지 않기 때문입니다. 자신을 고통으로 몰아넣기 때문입니다. 다시는 오지 않을 하루를 낭비하며 살기 때문입니다. 자신을 비하하거나 남을 무시하는 데 온 힘을 쏟고 노력합니다. 나 자신과 다른 사람에게 도움이 될 만한 말이나 행동을 하지 않습니다. 죽음을 받아들이는 마음습관이야말로 지금 이 순간에 조건 없는 자유로움을 갖게 하며 삶이 이미 온전하다는 것을 알게 합니다.

우리 만남은 길고 긴 영원 속에 단 한 번입니다.
사랑하세요, 노래하세요, 기뻐하세요, 춤을 추세요.
영원히 사라질 소중한 바로 이 순간에.
지금 아니면 언제요?

## 왜 죽음에 대한
## 준비가 필요한가

죽음을 알고 죽음을 준비하는 것은 죽음에 대한 걱정과 두려움에서 벗어나 실재를 알기 위해서입니다. 나의 삶, 하루하루를 허비하지 않기 위해서입니다. 죽어 가는 이들을 돕기 위해서입니다.

죽음에 대한 확신은 갑자기 생기지 않습니다. 나이 들었다고, 죽을 때가 되었다고 생기지 않습니다. 그래서 지금, 죽음을 준비해야 합니다. 가볍게 믿는 것과 달리 실제 믿고 받아들이는 것은 시간이 필요합니다. 조금씩 받아들이면서 죽음을 확신하게 되면 죽는 순간 더 분명하게 받아들이게 됩니다.

죽음을 생생하게 느끼는 것이 매우 중요합니다. 죽음은 삶의 자연스러운 일부입니다. 부처님이 깊이 생각해야 할 주제 가운데 가장 중요한 주제로 죽음과 무상을 말씀하셨습니다. 만약 죽을 것이라는 것을 알고 죽는다는 확신이 생기면 삶을 어떻게 살까요? 사람들을 어떻게 대할까요?

죽음에 대한 확신이 없는 상태에서 죽음이 닥치면 너무 많은 감정을 느끼고, 그 감정을 붙든 채 무거워집니다. 가까운 사람이 죽으면 어떻게 해야 할지 잘 모릅니다. 많은 사람들이 지인의 죽음으로 상실을 경험하고 나면 감정의 뷔페를 경험합니

죽음에 대한 확신은
갑자기 생기지 않습니다.
나이 들었다고,
죽을 때가 되었다고
생기지 않습니다.

그래서 지금,
죽음을 준비해야 합니다.

다. 뷔페처럼 너무나 다양하고 복잡한 감정을 겪는다는 것이지요. 처음에는 놀라움, 당혹스러움, 죄책감, 분노, 슬픔, 안타까움, 후회, 두려움, 걱정이 듭니다. 점점 죄책감, 안타까움에 매달려 스스로 힘들어합니다. 더 이상 잘해 줄 수 없고 다시 그를 볼 수도, 만질 수도 없는, 이야기를 나눌 수도 없는 상실감에 괴로워합니다.

이렇게 감정을 붙들고 있다 보니 누군가 죽으면 애도하는 모습을 유지해야 할 것 같은 부담이 생깁니다. 가까운 사람이 죽었는데 웃을 수 있나, 농담도 하면 안 되고 엄숙해야 하고 심각하게 지내야 하죠.

우리 모두 죽지만 죽음을 말하지 않고 숨기려 합니다. 생일 파티는 하면서 죽음 파티는 하지 않습니다. 부처님은 탄생과 죽음 둘 다 고통의 원인이라고 하셨습니다.

서양의 어느 의사가 불치병으로 곧 죽을 사람들을 연구했더니 무기력하고 우울할 줄 알았는데 그렇지 않았다고 합니다. 죽음을 받아들이고 확신을 가진 사람들은 우울해하지 않았다고 해요. 오히려 반대로 힘을 얻고 활기차져 병을 극복한 사람도 있었어요.

큰 스승님들은 죽음이 옷을 갈아입는 것이라고 하셨습니다. 이생과 내생이 큰 차이가 없다는 것이지요. 길고 긴 윤회 속에서 이생은 잠깐이고 미래 생은 아주 깁니다.

티베트의 어느 의사가 아주 뛰어난 수행자를 진료하고 나서 그가 곧 죽을 거라는 말을 차마 못 했다고 합니다. 그 수행자가 직관으로 알아차리고 말하라고 하니 "죄송한데요, 장기들이 나빠져 곧 돌아가실 것 같습니다"고 했습니다. 수행자는 너무나 환희로웠습니다. 드디어 죽을 거라는 것을 알게 되어서 행복해했어요. 마지막 며칠 동안은 기쁨 속에서 지냈습니다.

죽을 줄 알고, 죽음을 안다는 것은 지금 이 순간의 삶을 소중하게 받아들이는 일입니다. 지금 죽음을 받아들이면 삶이 살아나고 모든 인연이 소중하게 느껴집니다. 지금까지 경험하지 못한 활기를 느낄 수 있습니다.

오늘 하루는 영원 속으로 사라집니다. 이 하루는 다시 오지 않습니다. 삶의 남은 날들이 점점 사라집니다. 그래서 오늘 하는 일이 무척 중요합니다. 입에서 나오는 말은 다시 담을 수 없습니다. 그래서 말 한마디, 한마디가 중요합니다. 친절할 수 있는 기회는 줄어들기만 합니다. 오늘 누구를 만나든 같이 보내는 시간은 다시 돌아오지 않습니다. 그러니 따뜻한 마음과 사랑을 나눌 수밖에 없지 않을까요?

우리는 더 친절하고 평화롭게 살 수 있는 기회를 갖고 있지만 시간은 점점 사라지고 있습니다. 어렸을 때는 잘 살겠다며 큰 희망을 갖지만 죽을 때는 가슴을 치면서 죽습니다. 후회로 가득 차 있기 때문입니다.

좋은 일을 할 시간이 얼마 남지 않았습니다. 지금 아니면 언제 할 건가요?

## 티베트 불교에서 보는 죽음에 대한 아홉 가지 생각

죽음이 두려우세요? 우리 모두 죽을 것이라는 실감을 하고 있나요? 죽을 것이라는 것을 알아도 지금 당장은 아니라고 생각하고 있나요? 우리는 죽음이 인생의 일부라는 것을 잊어버립니다. 죽음이 삶의 자연스러운 일부라는 것을 기억하고 또 기억한다면 죽을 때 잘 죽을 수 있습니다. 대부분의 사람들은 죽는 순간까지도 죽음을 부정합니다. 그래서 우울해집니다. 굉장한 불안감과 두려움을 느낍니다. 티베트 불교에서 전하는 죽음에 대한 생각을 통해 죽음을 받아들이길 바랍니다.

첫째, 우리는 분명히 죽는다는 것입니다. 누구나 죽습니다. 친척이나 사랑하는 사람의 죽음을 생각해 보세요. 유명한 사람도, 가까운 사람도 죽었습니다. 부처님도 돌아가셨습니다. 죽지 않는 사람을 본 적이 없을 것입니다. 누구나 가까운 사람의 죽음을 겪었을 것입니다. 누구나 죽기 때문에 자연스런 일인데도 죽음을 특별한 일로 받아들입니다.

둘째, 이 하루는 다시 오지 않는다는 것입니다. 우리 삶이 점점 없어지고 있습니다. 태어나는 순간부터 계속 삶이 짧아지고 있습니다. 날마다 죽음에 다가가고 있습니다. 지금 오늘 이 하루와 이 순간은 다시는 돌아오지 않습니다. 어찌 보면 하루하루의 삶은 하루하루를 낭비하는 것과 같습니다.

셋째, 수행할 시간이 얼마 남지 않았습니다. 죽을 줄 알면 시간이 소중하다는 것을 알게 됩니다. 특히 수행할 수 있는 시간이 소중하게 생각됩니다. 행복으로 가는 길, 사람들과 사랑을 나눌 시간이 얼마 없다는 것입니다. 인간으로서 할 일(본성을 찾고 다른 사람도 본성을 찾을 수 있게 돕는 일)을 하지 않으면 죽을 때 두려움과 후회가 많을 것입니다.

넷째, 언제 죽을지 모른다는 것입니다. 건강한 사람도 병든 사람도 죽습니다. 운동하다가 죽기도 하고 물 마시다, 일하다, 걷다가 죽기도 합니다. 오늘은 안 죽겠지 생각한 사람들 중에서 얼마나 많은 사람들이 죽을까요?

다섯째, 삶을 위협하고 단축하는 원인은 많지만 생명을 강화시키고 연장하는 원인은 너무 적습니다. '이생과 내생은 한 숨 차이다'라는 표현이 있습니다. 숨을 들이마신 뒤 내쉬지 않으면 바로 죽습니다. 숨을 내쉬고 들이마시지 않으면 그 역시 죽습니다. 그 정도로 인간이 나약합니다.

여섯째, 우리 몸은 매우 허약합니다. 낫지 않는 병 덩어리라고 합니다. 계속 아프고 활기차게 사는 사람이 많지 않습니다. 다들 환자처럼 삽니다. 몸은 삶을 지원하지 않고 죽음과 가까이 있습니다.

일곱째, 죽을 때 힘들게 모은 소유물은 도움이 되지 않습니다. 힘들게 모은 돈도, 귀한 물건도 가져갈 수 없습니다. 가져가지 못하는 것에 집착하는 고통은 견디기 어렵습니다.

여덟째, 식구와 친지들도 도움이 되지 않습니다. 평생 가까운 사람을 아끼고 보호하기 위해 온갖 악행을 저질렀지만 죽을 때는 아무 도움을 받지 못합니다. 아내는 남편을, 남편은 아내를, 자식은 부모를 모시고 가지 못합니다. 오로지 혼자 가야 합니다.

아홉째, 이 몸도 데려갈 수 없습니다. 평생 좋은 것만 먹이고 입히며 신경을 썼지만 이 몸도 죽을 때는 무능합니다. 껍데기처럼 두고 가야 합니다.

우리는 언젠간 죽을 줄 모르고 무상한 삶을 꽉 붙잡고 고통스럽게 살아갑니다. 죽음을 받아들인다면 순간순간이 살아납니다. 집착하는 마음은 내려놓고 지금 이 순간 행복하게, 그리고 늘 자비심으로 살기 바랍니다.

안 되겠다, 내 마음 좀 들여다봐야겠다

## 죽음의
## 과정

죽음이란 무엇인가요? 흔히 말하는 죽음은 몸의 죽음입니다. 티베트 불교에서는 몸이 죽을 때를 죽음이라고 하지 않고 의식이 몸을 벗어날 때를 죽음이라고 합니다. 몸은 물질적인 것이기에 생겨나고 머물고 죽습니다. 하지만 마음은 죽지 않습니다. 마음이 무엇인지, 어디에 있는지 알기는 어렵습니다. 마음은 물질이 아니기 때문에 죽지 않고 계속 윤회합니다.

우리가 죽을 것이라는 확신을 갖기 위해서는 명상을 해야 합니다. 그래야 후회가 없기 때문에 아주 쉽게 죽음을 맞이할 수 있습니다. 명상 수행자들은 죽을 때 후회가 없습니다. 티베트 불교에서는 죽는 과정을 여덟 단계로 자세하게 설명하고 있는데, 어떻게 죽음을 잘 맞이할 수 있는지 알려 주고 있습니다. 수행자들이 여덟 단계를 미리 수행하는 것은 투명한 빛을 체험하기 위해서입니다. 티베트 말로 이 맑은 광명을 '워셸'이라고 하는데, 죽는 순간에도 명상을 하면서 삼매에 들 수 있다면 그 광명과 합일될 수 있습니다.

죽음의 여덟 단계 가운데 처음 네 단계는 지(地), 수(水), 화(火), 풍(風)으로 이루어진 몸이 무너지는 과정이고 나머지 네 단계는 미묘체가 무너지는 과정입니다. 이것은 의식이 몸을 떠나는 과정인데, 미묘체는 몸 안에 있는 미세한 몸이며 기맥과 차크라로 이루어진 몸입니다.

처음 네 단계의 죽는 과정을 거치면 손발이 무거워지고 손을 드는 것도 힘듭니다.

첫째, 지(地)의 성분 그러니까 뼈와 같은 딱딱한 것들이 무너집니다. 몸이 무겁고 눈을 뜨는 것도, 감는 것도 어려워집니다. 신기루나 환영을 보는데 눈으로 보는 게 아닙니다. 모든 사람들이 경험합니다.

둘째, 수(水)의 성분인 피, 체액이 사라지면서 건조해집니다. 목이 마릅니다. 밖에서 보면 사람이 탈수 현상이 일어난 것처럼 보입니다. 몸의 수분이 없어지고 건조해지는데, 입안도 건조해지면서 바싹 마른 면처럼 느껴집니다. 두 번째 단계를 거치는 사람의 피부를 꼬집으면 꼬집은 자국이 그대로 남아 있습니다. 이것은 수분이 빠져나갔다는 뜻입니다. 두 번째 단계를 거치는 사람은 굴뚝에서 연기가 나오듯 환영을 보게 됩니다.

셋째, 화(火)의 성분, 열이 빠져나가기 시작하면서 굉장히 춥습니다. 내적으로는 마음에서 반딧불 같은 빛이 돌아다니는 체험을 합니다.

넷째, 풍(風)의 성분인 움직임, 몸 안의 모든 작동이 멈춥니다. 심장과 혈액순환, 숨이 멈춰지고 뇌와 신경에 있는 모든 전파들이 움직임을 멈춥니다. 내면에서 일어나는 현상으로는 움직임이 거칠고 뇌의 작용이 멈춥니다. 현대 의학에서 말하는 죽음은 이 단계를 의미합니다. 이때 혈압도 없고 의학에서는 죽었다고 말하지만 불교에서는 그렇게 말하지 않아요. 네 단계가 더 남아 있습니다.

다음 네 단계는 미묘체가 무너지는 과정인데, 마음(의식)이 점점 미세해지는 단계입니다. 마음이라고도 하고 의식이라고도 합니다. 모든 것을 포함하는 마음을 말합니다. 생각과 감정과 직관, 미세한 마음 모든 것을 포함한 마음입니다. 이 네 가지 마음의 단계에서 마음이 점점 미세해집니다.

다섯째 단계에서 하얀 것을 체험하게 됩니다. 정확히 똑같지는 않지만 달빛과 비슷하다고 합니다. 이때 마음이 아주 미세하다는 것을 이해하셔야 합니다. 개념을 벗어난 마음을 의미합니다. 이 상태에서는 주체, 객체가 분리되어 있지 않아요. 내가 하얀 달을 알아차리고 있다는 개념이 없습니다. 어떻게 보면 하얀 빛이 되는 것과 마찬가지라고 할 수 있어요. 우리 마음이 달빛과 하나가 된다고 할까요? 개념을 벗어난 마음이기 때문에 체험을 통해서만 알 수 있는 것이죠.

여섯째는 해가 질 때 느낄 수 있는 붉은빛을 경험하게 됩니다. 이때도 개념이 없고 주체와 객체가 없습니다. 아직 죽지 않았다는 표정을 짓고 몸도 아직 유연해서 움직이면 움직여집니다. 심장은 멈추었지만 미세한 에너지가 있기 때문에 완벽하게 죽은 것은 아닙니다. 이것은 미세한 몸을 이야기하는 것입니다. 거친 육체적인 몸은 죽었지만 몸 안에 있는 미묘체 체계는 계속 돌아가고 있고 의식이 몸 안에 있기 때문에 완전히 죽은 표정이 아닙니다.

일곱째 단계는 성취, 성불, 깨달음에 거의 도달하게 됩니다. 어떻게 깨달음을 얻을 수 있는가 하면 가장 미세한 마음과 접하는 것입니다. 거의 성취했다는 말은 광명과 가까워진다는 의미입니다. 가장 미세한 마음을 광명이라고 합니다. 완전한 깜깜함을 체험합니다.

여덟째는 광명, 맑은 빛을 체험합니다. 밖에 있는 빛이 아니라 마음의 명료함과 밝음을 의미하는 것입니다. 이 여덟 번째 단계가 가장 미세한 단계이며 이 단계가 끝나면 죽게 됩니다. 여덟 번째 단계의 경험이 끝나면 파괴할 수 없는 명점(가장 미세한 마음이며 정수)이 몸을 떠나갑니다. 그때부터 중음의 몸이 다시 만들어집니다. 이 영가의 몸으로 중음 세계에서 49일 동안 머물다가 다른 몸으로 다시 태어나서 윤회를 이어 갑니다.

죽은 사람이 죽는 과정을 겪는 동안 살아 있는 사람들은 어떻게 하는 것이 좋을까요? 죽은 사람이 떠나는 것을 받아들이고 좋은 관계를 유지하기 위해서 긍정적이고 행복한 마음을 가지는 것이 중요합니다.

남은 인생이 일주일이라고 생각하고 살아 보세요. 마지막으로 해야 할 일을 이번 주에 해 보세요. 삶을 정리해 보세요. 가진 것을 나눠 주고 식구들과 화해하고 감사하다고 인사해 보세요. 참회와 성찰과 기도와 명상을 하세요. 지금 우리 앞에 있는 죽음과 삶의 덧없음을 생각하세요. 이 순간이 다시는 돌아오지 않고 얼마나 소중한지 알아차려 보세요. 남은 시간이 얼마 안 되고 삶이 얼마나 허약한지 생각해 보세요. 이번 주 내내 순간순간 무상함과 죽음을 생생하게 알아차리는 마음으로 살아 보세요.

## 죽음 명상

허리를 바로 하고 몸의 긴장을 풉니다. 숨을 천천히 깊이 들이마시고 편안하게 숨을 내쉬면서 미래를 생각해 보세요.

우리는 그렇게 오래 살지 못합니다. 금방 늙고 금방 병들고 금방 죽습니다.

이생은 아주 짧습니다. 미래 생은 아주 깁니다. 미래 생을 위해 이생에 선행과 마음공부에 힘써야 합니다.

왜 다른 사람을 원망하는가? 왜 고통스러워하는가?

죽을 줄 모르기 때문입니다. 죽는 것을 받아들이지 않기 때문입니다.

평생 좋은 일을 하지 않고 남을 원망하고 싫어하고 남을 못 살게 하고 돈만 벌려고 했다면 죽음 앞에서 가슴을 치고 후회하며 죽을 것입니다.

잘 죽으려면 착하게 살고 집착을 버려야 합니다. 집착하는 게 있으면 그것을 놓을 줄 몰라서 괴로움이 큽니다.

남은 인생을 어떻게 살 것인가, 어떻게 죽음을 잘 맞이할 것인가 생각해야 합니다.

머리로는 죽을 줄 알면서 가슴으로는 죽는다는 확신이 없습니다. 죽을 때는 아무것도 가져가지 못하고 사랑하는 사람도 두고 가야 합니다. 힘들게 모은 재물이나 힘들게 지켰던 명성, 명예, 권력도 가져가지 못합니다.

남은 인생을 선한 행동으로 가꾸어 봅시다.

집착을 버리는 마음, 꿈같은 생을 버리는 습관을 길러 봅시다.

이 습관은 미래 생에 많은 도움이 됩니다.

미래 생을 준비하기 위해 가진 것을 나누고, 단순하게 살고, 죽음을 준비합시다.

미운 사람도 사라질 것이고
좋아하는 사람도 사라질 것이고
나도 또한 사라질 것이니
이처럼 모든 것이 사라지리라.

「입보리행론」

2부

# 명상을
# 권하다

# 왜 명상을
# 해야 할까요?

모든 존재와 마찬가지로 여러분도 저도 마음 깊은 곳에서부터 늘 행복을 원합니다. 누가 가르쳐 주지 않았지만 오래가고 진정한 참된 행복을 늘 찾고 있습니다. 불교에서는 우리 자체가 참된 행복이고 우리 본성이 조건 없는 행복이라고 합니다. 우리 자체가 행복인데, 우리는 늘 행복을 찾기 위해 떠돌고 있습니다. 고향을 그리워하는 향수병에 걸려 있는 것과 같습니다.

불교는 마음의 중요성을 강조하고 있습니다. 마음이 편안하고 행복하면 바깥 상황이 어떻든 행복할 수 있습니다. 걱정, 근심, 화, 원망으로 마음이 불편하면 좋은 집, 좋은 차가 있다 해도 전혀 도움이 되지 않습니다. 내 마음이 괴로울 때는 이 자동차라도 있어서 다행이라는 위로가 통하지 않습니다.

어떻게 하면 마음을 튼튼하게 하고 마음의 힘을 드러낼 수 있을까요? 명상에 답이 있습니다. 하루하루 명상을 하다 보면 마음의 힘, 자비심이 드러납니다. 원하는 행복에 조금씩 가까이 다가갈 수 있습니다. 누릴수록 행복이 커집니다. 바깥 사물에 의지하지 않게 됩니다. 이것이 참된 행복입니다. 다른 곳이 아닌 우리 내면을 바라보면서 진정으로 행복을 느끼는 것, 그것을 찾으려면 명상을 배워야 합니다.

## 명상이 주는 혜택

우리의 본성이 행복이라고 앞에서 말씀드렸습니다. 우리는 이미 행복을 가지고 있습니다. 평화롭고 광대한 무조건적인 행복, 그것이 우리의 본성입니다. 그런데 본성이 습관과 망상으로 가려져 있습니다. 명상을 하면 습관과 망상으로 마음이 문제를 일으키는 게 줄어듭니다. 그리고 마음의 본성 즉 명료함, 행복, 고요함을 더 많이 느낄 수 있습니다.

과학자들이 명상이 우리 몸에 어떤 영향을 끼치는지 연구했는데, 몸과 마음의 면역력을 높이는 데 크게 기여하는 것으로 나타났습니다. 몸의 면역이 떨어지면 쉽게 병에 걸리듯이 마음의 면역력이 떨어지면 여러 가지 감정에 휘둘려 괴로워합니다. 명상은 몸과 마음의 면역력을 높이고 행복해지도록 합니다. 불교의 명상 수행법은 심리 치료에도 널리 쓰이고 있으며 미국의 암 치료 병원에서도 명상을 통해 치료 효과를 보고 있다고 합니다. 해마다 명상 관련 논문이 심리학이나 의학 학술지에 실리고 있습니다. 명상의 효과를 일일이 나열하기 어려울 정도입니다.

저도 명상을 하면서 순수했던 어린 시절에 경험했던 참된 기쁨을 다시 경험했습니다. 명상은 우리를 힘들게 했던 삶을 잠시 내려놓고 그것들을 흘려보낼 수 있게 도와줍니다. 마음으로 늘 문제를 일으키고 자신을 힘들게 했던 습이 줄어듭니다. 기운이 맑아집니다. 미세한 몸의 막힌 부분이 뚫립니다. 우리 본성의 고요함, 생각을 초월한 고요함, 누군가 만든 것이 아닌 고요함을 깊이 경험할 수 있습니다.

명상은 우리들의 순수한 마음, 따뜻한 마음을 내면의 본성과 연결시켜 줍니다. 본성을 찾기 위해 도움이 되는 것은 자비심과 알아차림입니다. 본성과 연결될 때 행복, 자신감, 힘, 뿌듯함이 우리 삶에 더 많이 들어오게 됩니다.

# The Traveler's Mind

## We are 나그네 마음

all travelers in this very short journey of life. Travel lightly!

우리 모두는 나그네 입니다.
잠시 있다가 갑니다.

## Be 2 happy

traveler in this

### dream-like
### journey that
### will soon be over

얼마 남지 않은 꿈같은
여정에서 **행복한**
**나그네로 여행**
하세요.

## Don't stay

in one place
too long.

## Give up now

what we will eventually
have to **give up.**

한 곳에 너무 오래 있지 말고
가볍게 다니세요.
어차피 두고 갈 거 미리
내려놓으세요.

# 렛고 하면
## 마음습관이 바뀐다

이제 명상에 대해서 좀 더 구체적으로 알아보겠습니다.

명상을 하게 되면 나쁜 사람이 좋은 사람으로 변하게 되는 것일까요? 이미 좋은 존재인데 그것을 알게 되는 것일까요? 물론 정답은 후자입니다. 우리가 이미 훌륭한 존재라는 것을 알게 되는 것이 명상입니다.

비유를 들자면 가난한 사람이 돈이 없어 고통을 겪고 있습니다. 지혜로운 친구가 집 안의 땅을 파면 보물이 있다는 것을 알려 주었습니다. 가난한 사람은 땅을 파서 부자가 되었습니다. 보물을 찾기 전과 찾은 뒤, 언제 더 부자였나요? 네, 땅에 보물이 있었으니 늘 부자였습니다. 다만 보물이 있다는 걸 알지 못한 게 차이일 뿐입니다. 그런데 발견한 뒤에야 가난의 고통에서 벗어났습니다.

왜 가난했을까요? 왜 자신이 부자인 줄 몰랐을까요? 이미 있는 부, 마음속에 있는 부를 찾지 못해서 부자인데도 가난하게 살고 있었던 겁니다. 명상은 이미 있는 부, 이미 있는 행복을 찾는 것입니다.

또 다른 비유를 들자면 누군가 진흙 속에 있는 다이아몬드를 발견해서 집 안에 진열해 놓았습니다. 이때 진흙 속에 있던 다이아몬드와 진열해 놓은 다이아몬드 가운데 어느 것이 더 가치가 클까요? 네, 같습니다.

진흙은 바로 우리의 개념, 수없는 관념, 습관, 집착, 강박을 의미하며 불교적으로 말하면 습이고 업입니다. 명상은 더하는 것이 아니라 이런 것들을 빼는 것입니다. 버리는 것입니다.

우리는 계속 무엇을 하는 데 익숙합니다. 진정한 명상은 무엇을 하는 것보다 무엇을 하지 않는 것입니다. 그냥 몸과 마음을 쉬는 것입니다. 잠시라도 마음을 편안하게 갖는 것, 스스로에게 친절한 것입니다. 어떤 마음이어도 괜찮다고 허용하는 것입니다. 마음이 불편해도 괜찮습니다. 과거나 미래나 현재에 대한 생각이나 어떤 것이라도 이 순간에 다 내려놓는 것, 몸을 쉬듯이 마음도 쉬는 것입니다.

우리는 지금까지 생각하는 것밖에 몰랐어요. 모든 것을 생각으로 만나고, 생각을 놓을 줄 몰랐어요. 그 생각으로 우리의 몸과 마음을 많이 버렸습니다. 생각을 놓는 게 시작이며, 생각을 놓으면 마음의 세계를 알 수 있습니다. 마음의 본성은 이미 평화롭고 무한하고 광대한 평화 그 자체입니다. 이미 행복하고, 이미 자비롭고, 이미 지혜롭습니다. 이 마음의 본성을 알게 되는 것이 명상입니다. 지금까지는 생각과 망상 때문에 마음의 본성을 전혀 모르고 살았어요. 잠시라도 생각을 내려놓으세요. 이 순간에 마음과 몸을 잠시라도 쉬세요. 생각할 거 다 했고 더 알아낼 것도 없습니다.

하늘이 구름을 오고 가게끔 허용하듯이, 새나 바람이나 무엇이든지 걸림 없이 다 허용하듯이 우리도 똑같이 무한한 하늘 같은 마음의 본성으로 모든 것을 똑같이 허용하는 것입니다. 마음의 본성은 하늘과 같이 무한하면서 앎이 있습니다. 깨어 있음이 있습니다.

우리 마음의 본성은 자각할 수 있는 의식입니다. 이 의식이 있는지 확인해 보세요. 지금까지는 우리의 의식이 눈썹보다 더 가까이 있었지만 자각하지 못했습니다. 바깥 현상을 좇고 분별심에 휘둘려서 현상세계를 자각할 수 있는 의식을 보지 못했습니다. 이 의식은 평화롭고 무한합니다. 깨어 있습니다. 깨어 있음이 있는지 잠시 확인하세요. 순수의식(깨어 있음)에 익숙해지는 것이 명상입니다.

우리는 늘 무언가 모자라고 더 필요하고 옳지 않고 불평불만에 가득 차 있는데, 이것이 바로 마음습관입니다. 명상은 하나씩 개념을 버리는 것입니다. 개념과 습관을 내려놓는 것입니다. 하나하나 내려놓음으로써 이미 있는 것을 드러내는 것, 이것이 명상입니다. 내려놓고 드러내면 마음의 본성, 실재가 나옵니다. 완벽하고 부족함이 없고 깊고 만족스럽고 행복하고 고요한 것, 그것이 실재입니다. 개념을 버릴 수 있다면, 무조건적인 행복을 더 많이 경험할 수 있습니다.

내면의 아름다움은 개념과 번뇌를 '렛고(let go)' 할수록 그 자체를 경험하게 됩니다.

렛고는 생각과 감정을 그저 바라보는 것입니다. 자신의 마음, 마음습관을 알아차리는 것입니다. 렛고는 좋지 않은 마음이 일어날 때 잠깐 멈추고 그 마음 앞에 서서 바라보는 것입니다. 온갖 생각과 감정에 빠져 괴로워지기 전에 잠깐 멈추세요. 잠깐 멈추기만 해도, 멈춰서 자신의 마음을 잠시 보기만 해도 그 감정은 힘이 빠집니다. 탓하는 마음이 생기면 바로 렛고 하세요. 잠시 내려놓고 지켜보세요.

감정은 보기만 하면 아무것도 아닙니다. 보지 않으면 무섭고 괴롭고 강하지만 보기만 하면 어떤 감정이라도 아무것도 아닌 것을 알 수 있습니다. 사실은 구름처럼 실체가 없습니다.

'잠깐 멈췄는데 감정이 왜 안 없어지지?' 의문이 들거나 답답해질 수 있습니다. 이것은 '괴로운 마음이 없어져야 돼'라고 생각하기 때문입니다. 감정이 없어지기를 바라는 것이 아니라 그저 보는 것입니다.

'명상을 배워도 소용이 없네.' 포기하고 싶은 마음이 들 수도 있지만 중요한 것은 자신감을 가져야 하고, 감정을 순수하게 바라볼 수 있도록 연습을 해야 한다는 것입니다. 있는 그대로 그 마음을 허용하려면 연습이 필요합니다. 명상을 하면서 꼭 기억해야 할 중요한 몇 가지를 말씀드리겠습니다.

첫째, 가장 먼저 자신감을 가지세요. '명상가도 아닌데, 난 못 하겠어' 하는 생각이 들면 '나도 할 수 있어' 하고 생각을 바꿔 보세요. 바라보면 사라진다는 원리를 믿는 게 중요합니다. 물론 해 보지 않고 믿음을 갖는 게 어렵겠지만 할 수 있다는 자신감을 가지세요.

둘째, 명상은 아주 평범하다는 것입니다. '바라보는 것? 이게 무슨 명상이야? 명상은 제대로 앉아서 집중해야 하는 아주 훌륭한 것인데, 이게 무슨 명상이야?' 의문이 드시나요? 명상은 아주 평범합니다. 밍규르 린포체님은 "명상은 삶과 떨어져 따로 해야 하는 것이 아니다. 삶이 명상이고 명상이 삶이다"고 하셨습니다. 일상생활에서 그저 바라보는 것, 그것이 명상이라는 것이지요. 명상이라고 하면 고요한 장소나 수행 센터를 먼저 떠올리고 가부좌를 하고 앉아 있는 모습을 상상할 텐데요, 언제 어디서건 지금 떠오르는 생각과 감정을 바라보는 것입니다. 어느 특정한 장소나 시간에 하는 것이 아니라 지금 바로 이 자리에서 하는 것입니다.

셋째는 좋지 않은 감정도 혜택이 있다는 것을 기억하세요. 예를 들면 누군가가 나를 무시했을 때 무시 자체는 좋고 나쁜 것이 아닙니다. 감정이 오고 가게끔 허용하면 감정이 우리를 괴롭히거나 마음을 상하게 할 수 없습니다. 잠깐 멈추고 감정에 따른 생각들을 담담하고 순수하게 바라볼 수 있다면 그 감정이나 생

# Let
# go

렛고 !

잠시라도 생각을 내려놓으세요.

각은 아무것도 아닙니다. 우리가 가진 가장 강한 습관 가운데 하나는 나만 생각하는 것입니다. 에고에서 생기는 괴로움을 방지하고 그 습관을 없애는 좋은 방법은 불편한 감정이 오는 것을 허용하면 점차 사라진다는 것을 직접 겪어 보는 것입니다. 감정을 허용하면 도움이 된다는 것을 인정하는 것입니다.

중요한 점을 한 가지 더 말씀드릴까요?

자신에게나 상대에 대해 부정적인 감정이 생겼을 때 그 감정을 바라보는 눈을 바꿀 수 있다면 아주 훌륭하다고 할 수 있습니다. 좋지 않게 보는 눈을 바꿀 수 있는 것, 사실 그것이 전부입니다. 그러면 감정을 허용할 수 있습니다. '슬픔이나 미움, 짜증 같은 부정적인 마음들도 자연스러운 것이다. 나만 가지고 있는 것이 아니라 모든 사람들이 다 가지고 있다.' 이렇게 받아들이는 것입니다. 좋지 않게 보면 커지고 강해지지만 그것을 허용하고, 괜찮다고 하면 그 감정들은 작아집니다, 사라집니다. 없기를 바랄 때는 있고, 있기를 바라면 없어지는 희귀한 일이 일어나게 됩니다.

감정과 생각은 본질적으로 텅 비어 있고 아무것도 아닙니다. 깜깜한 골목길을 걸어갈 때 구석에 누군가 있는 것 같아서 무서웠던 적이 있지 않나요? 언뜻 봤기 때문에 상상하면서 무서워하는 것입니다. 보이지 않기 때문에 무섭습니다. 그런데 불을 켜고 자세히 보면 나무라는 것을 알게 되고 휴, 한숨을 내쉽니다. 자세히 보면 실체가 보이고 실체를 알면 두렵지 않습니다.

내 안에서 일어나는 상대를 좋지 않게 보는 생각을 잠깐 멈추고 보세요. 싫어하지 말고 그저 보세요.

## : 무엇을
## 알아차리나

알아차림은 명상의 핵심입니다. 알아차림이 불교의 핵심이며 모든 수행은 잘 알아차리기 위해서 합니다.

명상은 깨어 있음입니다. 쉽게 말하면 마음이 이 순간에 있는 거예요. 우리의 가장 큰 문제는 산란함이에요. 우리가 산란하거나 어딘가에 정신이 팔려 있을 때는 눈앞에 있는 것도 보이지 않고, 우리를 부르는 소리도 듣지 못하잖아요. 의식이, 마음이 여기 있지 않고 딴 데 가 있는 거지요. 산란함을 알아차려서 소리나 어떤 형상에 의식을 두고 잠시 쉬는 게 알아차림입니다. 영어로 'awareness, mindfulness'라고 합니다. 티베트 말로 트렘빠라고 하는데 기억한다는 뜻이에요. 다시 기억한다(recall)는 것인데 생각에 빠졌다가 다시 이 순간으로 돌아올 때 잠에서 깨듯이 소리가 들리고, 내 앞에 있는 사물이 보이는 것을 트렘빠라고 합니다.

알아차림의 첫 번째 단계에서는 거친 대상(소리, 호흡, 보이는 것, 생각, 감정)을 알아차리고 두 번째 단계에서는 우리의 마음습관 그러니까 좋다, 나쁘다 분별하는 이분법적인 마음을 알아차리며 세 번째 단계에서는 마음의 공성을 알아차립니다.

알아차림의 첫 단계에서는 거친 대상 즉 소리, 호흡, 보이는 것, 생각, 감정을 알아차리는 것부터 시작합니다.

소리 명상을 한번 해 볼까요? 제가 종을 울립니다. 종소리에 집중할 필요는 없고 단지 종소리를 듣기만 하면 됩니다. 소리 안에서 마음을 쉬듯이 편안하게 소리를 들으면 됩니다. 소리와 마음이 합일되듯이 편안하게 소리를 듣는 겁니다. 몸에 힘을 빼고 걱정을 소리 안에 다 내려놓으세요. 특별히 할 게 없습니다. 집중할 것도 없고 그저 마음 편안하게 쉬면 됩니다. 자, 이렇게 아주 짧은 시간 동안 소리에 쉬었던 이것이 바로 명상입니다.

소리를 알아차릴수록, 소리를 자각하는 마음, 자각심을 더 많이 경험하게 되고 결국 소리의 본질을 보게 됩니다. 소리와 마음의 본질은 같습니다. 소리를 알아차릴 수 있으면 마음의 본성도 점차적으로 알게 되고 경험하게 됩니다. 목소리가 들리면 마음이 여기 이 순간에 있다는 것입니다. 제가 말을 할 때 여러분이 생각에 잠기면 제 목소리가 들리지 않을 것입니다. 제 목소리가 들리면 알아차림이 여기 이 순간에 있는 것입니다. 이것을 소리 명상이라고 합니다.

마음의
쓰레기

집에 쓰레기가 있으면 바로 버리는데 마음의 쓰레기는 늘 갖고
다닙니다. 마음의 쓰레기는 다른 사람과 자신이 잘못한 것과
상처와 원망과 부정적으로 보는 모든 것을 의미하는 것입니다.
쓰레기처럼 냄새 나고 보기 흉하니 빨리 버리면 좋아요.

중국집에서 짜장면이나 짬뽕을 맛있게 먹을 생각을 하고 있으면, 앞에 있는 사물이 보이지 않습니다. 앞에 있는 사물이 보이면 여기에 있는 것을 알아차릴 수 있습니다.

현상, 생각, 감정은 파도이며 마음의 본성은 바다와 같습니다. 파도를 보면 바다도 보게 되는 것과 같습니다. 파도와 바다의 본질은 같습니다. 소금이 있는 짠물이라는 본질이 같습니다. 현상과 마음의 본질은 공성이라는 점에서 같습니다. 알아차림을 처음 배울 때 호흡을 알아차리라고 하는 것도 같은 이치입니다.

알아차림을 기르다 보면 두 번째로 습관이 보입니다. 우리는 좋고 나쁜 것에 대한 강박이 심합니다. 경직되어 있습니다. 바라는 것이 너무 큽니다. 또한 대부분의 사람들은 칭찬을 너무 좋아합니다. 만약 누군가가 저에게 잘생겼다고 하면 저는 행복할 것입니다. 그런데 누군가 저를 비난하면 기분이 나빠질 것입니다. 왜 그럴까요? 칭찬에 집착하게 되면 비난을 두려워하게 됩니다. 누군가 싫은 소리를 하면 속상해하고 그 사람을 싫어하고 심지어 한 달 두 달 넘게 괴로워하기도 합니다. 갈망하고 좋아하고 희망하고 두려워하고 거부하는 습관이 강할수록 괴로움이 커집니다. 칭찬은 공한 것이며 집착일 뿐입니다. 이것을 알아차릴 수 있다면 그 집착에서 풀려나는 것입니다.

그런데 알아차림이 강하면 습이 줄어듭니다. 좋고 나쁨이 줄어듭니다. 돈이 생겼으니 뭘 살까 이런 생각을 하지 않게 됩니다. 5분 뒤에 뺏겨도 내면의 부를 찾았기 때문에 크게 신경 쓰지 않습니다. 보통 가진 돈을 다 뺏기면 죽을 것 같잖아요. 잃은 돈을 생각하며 불행해하는데, 그렇지 않습니다.

세 번째는 마음의 본성을 알아차리는 것입니다. 지금 당장 마음의 본성을 알아차리는 것은 어려울 수 있습니다. 마음의 본성을 알아차리는 것은 가장 미세한 것을 알아차리는 것입니다. 마음의 본성을 알아차리면 마음이 성장하고 점점 더 잘 알아차리게 됩니다. 알아차림의 결과로 마음이 더 미세해집니다.

마음은 보통 바깥을 향하는데, 마음의 방향을 지금 이 순간으로 돌리는 것입니다. 알아차리려는 동기가 있으면 마음이 생각을 따라다니지 않습니다. 알아차릴수록 생각하는 사슬(망상의 사슬)이 짧아집니다. 생각이 짧아질수록 지혜와 자비, 능력이 강해집니다. 마음을 산만하게 하고 우리를 괴롭히는 요소가 명상의 대상이 될 수 있어요. 알아차림의 원인, 변화의 원인이 될 수 있습니다. 소금을 물컵에 한 숟가락 넣으면 굉장히 짜지만, 호수에 넣었을 때는 물맛이 달라지지 않아요. 알아차림의 힘을 키우면 어떤 감정이 와도 전혀 흔들리지 않습니다. 그러기 위해서는 연습을 많이 해야 합니다.

## 자유로운 알아차림,
## 명상하지 않는 명상

제 수행을 살리고 삶을 살린 명상법은 '자유로운 알아차림 (open awareness)'입니다. 다른 말로 하면 '대상 없는 명상'입니다. 알아차리는 대상이 없습니다. 마음이 아무것에도 집중하지 않고 어디에도 향하고 있지 않습니다. 자유롭게 열려 있는 깨어 있음을 의미합니다.

자유로운 알아차림의 조건은 명상한다는 의식 없이 산란하지 않은 것입니다. 움직이지 않고 가만히 있으면서 무엇을 하지 않고 생각이 일어나면 일어나는 대로 그저 보기만 하면 됩니다. 보이기만 하면 알아차림이 있습니다. 생각이 보이면 생각에서 떨어져 있다는 뜻입니다. 창밖에 산이 보이면, 이미 산과 떨어져 있습니다. 생각이 보이면 생각을 하고 있다는 것을 알고, 내려놓을 수 있습니다.

강에 빠져 있다면 강이 보이지 않고 물만 보입니다. 강변을 걷고 있을 때 우리는 강을 볼 수 있습니다. 아직 자유로운 알아차림이 무엇인지 알 필요는 없어요. 조금씩 알게 될 것입니다. 마음이 이 순간에 있으면서 생각이 보일 수 있고, 들리는 것이 들릴 수 있고, 보이는 것이 보일 수 있습니다.

자유로운 알아차림의 좋은 점은 힘이 안 들어가고, 노력이 없고, 마음과 몸을 쉴 수 있는 것입니다. 마음을 쉬는 것이 중요합니다. 어떻게 마음을 쉬게 할까요?

몸에 힘을 빼는 순간에 마음이 짧게 깨어 있습니다. 생각을 놓는 순간, 마음이 짧게 깨어 있습니다. 무엇을 하지 않으면서 마음이 이 순간에 있습니다. 이것이 가장 좋은 명상이며 가장 쉬운 명상입니다. 노력이 없는 명상입니다. 하지만 가장 쉬운 명상이면서 어렵기도 합니다. 익숙하지 않아서 처음에는 의심이 생길 것입니다. '이렇게 아무것도 안 하고 있는데, 어떤 혜택이 있을까? 정말 이것이 명상인가?' 네, 이것이 명상입니다! 가장 좋은 명상입니다! 평상심시도(平常心是道). 무엇을 하지 않으면서 깨어 있는 마음!

몸에 힘을 빼고 마음에도 힘을 빼세요. 짧게라도 몸과 마음을 쉬세요. 이 휴식을 짧게 자주 경험하는 것이 명상하는 힘을 기를 수 있는 가장 효율적이며 가장 자연스러운 방법입니다.

생각하고 있다가 생각하고 있다는 것을 아는 순간, 생각이 놓아집니다. 이 앎, 이 생각의 풀림, 생각의 렛고, 마음의 휴식을 짧게 자주 경험하는 것이 티베트 명상입니다. 마음이 편안하면서 깨어 있습니다. 깨어 있음은 앎을 의미합니다. 이 앎이 전부입니다.

마치 잠에서 깨듯이, 아무것도 하지 않고 있지만 마음은 깨어 있습니다. 명상한다는 의식이 없으면서 마음이 이 순간에 있는 것, 이것이 자유로운 알아차림입니다.

몸을 쉬듯이 마음을 쉬면 됩니다. 몸에 긴장을 풀 듯이 마음의 긴장을 풀면 됩니다. 생각과 감정을 렛고 하라는 말이죠. 생각을 하고 있으면 마음에 긴장이 있습니다. 생각은 마음의 활동입니다. 마음의 긴장을 푸는 것, 마음의 활동을 쉬는 것이 마음을 쉬는 방법입니다.

뭘 하려고 하면 안 됩니다. 하려는 것은 진정한 명상이 아니에요. 생각을 놓는 것, 풀림이 명상입니다. 생각을 내려놓는 순간, 짧은 틈이 있습니다. 생각과 생각 사이에 있는 틈을 공백이라고 합니다. 이런 경험을 짧게 자주 하세요. 그러면 풀린 상태, 공백이 길어집니다. 공백은 생각 없는 깨어 있음을 의미합니다. 무념이라고도 하지요. 알아차림이 오면 뭘 해야 할까요? 네, 아무것도 하지 않아도 됩니다. 바로 이것이에요. 아무것도 하지 않는 것!

생각 없는 깨어 있음!

무엇을 하지 않으면서 마음이 이 순간에 있는 것!

명상하지 않고 산란하지 않는 것!

지나가는 생각을 그저 보는 것!

모든 무상한 현상에 순수한 목격자가 되는 것!

편안하면서 깨어 있는 것!

덧없이 지나가는 현상과 동일시하려는 마음을 변함없는 마음의 본성으로 돌리는 것!

이 방법을 배우고 기르면 삶에 큰 변화가 올 것입니다.

## 정지,
## 불방일

알아차림이 명상의 핵심이라고 했습니다. 여기서는 알아차림과 함께 꼭 필요한 두 가지, 정지(正智)와 불방일(不放逸)에 대해 이야기하려고 합니다. 알아차림과 정지와 불방일, 이 세 가지는 한 팀이 되어 같이 일을 합니다.

먼저 정지에 대해 살펴보겠습니다. 망치를 집 짓는 데 쓴다면 건설적으로 쓰는 것이지만 누군가를 해치는 데 쓴다면 파괴적입니다. 망치는 좋지도 않고 나쁘지도 않습니다. 알아차림도 마찬가지예요. 도둑도 알아차림을 잘합니다. 잡히지 않으려고요. 알아차림은 중립적입니다. 정지는 어떤 마음이 있는지 구별할 수 있는 지혜를 의미합니다. 정지는 알아차림과 떼 놓을 수 없습니다. 알아차리는 까닭은 마음의 번뇌를 알아차리고, 선한 마음을 갖기 위해서입니다. 알아차림은 중립적인 것이고 정지는 지혜라고 할 수 있습니다. 예를 들자면 알아차림은 코끼리를 묶어 놓는 것이고 코끼리를 지켜보는 것이 정지입니다. 알아차림으로 마음을 잡고, 정지로 그 마음을 바르게 아는 것입니다.

불방일은 게으르지 않는 것입니다. 예를 들면 달라이라마 존자님이 바로 옆에 계신다고 생각해 보세요. 마음이 어떨까요? 깨어 있겠죠. 이것이 불방일입니다. 하지만 딱딱하지 않은 부드러운 긴장, 조심스러움입니다. 최대한 마음이 어수선하게 돌아다니지 않도록 하는 것입니다. 일상에서 알아차리기 위해 가장 중요한 것은 알아차리겠다는 의도입니다. 그 의도를 불방일이라고 합니다. 계속 깨어 있겠다, 생각을 굴리지 않겠다는 의도가 불방일입니다. 불방일이 없으면 여러분들은 명상을 배워도 보통 때는 습관대로 살다가, 명상 모임에 와서야 알아차리겠다고 생각합니다.

일상에서 불방일을 하기 위해 여러 가지 방편을 쓸 수 있습니다. 예를 들면 30분이나 한 시간에 한 번씩 종을 울리게 하는 것입니다. 그 소리를 듣고 알아차리는 것이지요. 또는 세션(session)을 만드는 방법도 있습니다. 세션은 일정한 시간을 의미합니다. 예를 들어 밥 먹는 세션을 한다면 밥 먹는 시간을 명상으로 삼는 것이죠. 밥 먹는 모든 과정을 알아차리려고 하는 것입니다. 이렇게 지하철을 타는 세션, 설거지를 하는 세션을 정해서 불방일을 하는 겁니다.

또 하루에 몇 번 불방일을 하겠다 정해 놓고 세는 방법이 있습니다. 알아차림이 올 때마다 속으로 숫자를 세는 거예요. 물론

# BE KIND TO YOURSELF

'괜찮아, 잘했어.'
자신에게 따스한 말 한마디 건네주세요. 그래도 돼요.

저마다 자기 수준에 맞게 목표를 세워야 해요. 목표를 달성하면 그만 세면 됩니다. 이렇게 하면 자주 알아차릴 수 있습니다. 알아차림이 더 분명해집니다. 나름대로 신호를 만들어야 많이 알아차리게 됩니다. 불방일이 없으면 명상을 배우더라도 명상을 하는 것이 아닙니다.


## 먼저 스스로에게 친절하세요


명상을 하려면 필요한 자세가 있습니다. 일곱 가지 자세를 따라 하면 바른 자세로 앉을 수 있습니다.

첫째, 다리를 편안하면서도 안정되게 합니다. 결가부좌나 반가부좌를 할 수 있고 힘들면 책상다리로 앉아도 됩니다.

둘째, 손바닥을 펴서 서로 포개어 배꼽 아래 단전에 놓는데, 엄지가 맞닿게 원을 그리듯 자연스럽게 놓아도 되고 무릎 위에 편안하게 놓아도 됩니다. 손바닥이 위로 가든 아래로 가든 편안하게 놓고, 명상을 하다가 손을 바꾸어도 괜찮습니다.

셋째, 어깨를 뒤로 펴면서 팔과 몸통 사이에 공간을 약간 만듭니다. 이 자세를 독수리가 날개를 들어 올리는 것처럼 어깨를 들어 올리는 것이라고 설명하기도 합니다.

넷째, 척추를 곧게 세우되 뒤로 기울거나 앞으로 구부러지지 않게 합니다.

다섯째, 목은 어깨 위에 자유롭게 놓되 살짝 목 안쪽으로 당겨 세웁니다.

여섯째, 입을 조금 벌릴 수도 있고 다물 수도 있습니다. 억지로 부자연스럽게 힘을 주지 않습니다.

일곱째, 눈은 콧등을 바라볼 수도 있고 감을 수도 있습니다. 나른해지거나 잠이 오면 잠깐 눈을 떴다 감습니다.

일곱 가지 명상 자세에서 가장 중요한 것은 허리를 곧추세우는 것과 몸의 힘을 빼는 것입니다. 긴장을 푸는 것이지요. 이 자세만 바르게 해도 마음이 편안해집니다.

명상을 할 때 다음 세 가지를 명심하시기 바랍니다.

첫째, 몸에게 친절해야 합니다. 명상할 때 몸의 자세를 편안하게 하는 것이 중요합니다.

둘째, 마음에게 친절해야 합니다. 30분 동안 명상을 하기로 했는데 25분은 망상에 빠져 있다가 마지막 5분 동안 알아차림을 했습니다. 그럴 때 망상이나 번뇌가 많았다고 자신을 비하하지 말고 스스로에게 '괜찮아, 잘했어'라고 하세요. 어머니가 우는 아이든 웃는 아이든 모두 사랑스럽게 대하듯이 말이죠. 좋은 감정, 안 좋은 감정을 사랑스럽게 안아 주는 것이 명상입니다.

가끔 명상을 하면서 생각이 더 많아졌다고 하는 분이 있습니다. 버리려고 명상하는데 왜 더 많아졌냐는 것이지요. 생각은 마음의 자연스러운 '기능'입니다. 생각하는 그 자체가 나쁜 것은 아닙니다. 생각을 못 하면 버스를 못 타고 머리에 구두를 신을 수 있어요. 생각만 있는 줄 알고 생각만 좇는 게 문제이지요. 생각에 끌려가든, 생각에서 나와 바라보든 똑같이 친절하게 대해 주세요.

생각을 붙잡으면 생각이 힘을 갖고 감정이 되고 감정을 붙잡으면 습관이 되고 그러면 고통덩어리가 됩니다. 생각을 이어가는 것을 망상의 사슬이라고 해요. 생각을 놓을 줄 알면 깨어 있음의 세계, 마음의 본성의 세계를 접할 수 있어요. 생각을 어떻게 렛고 할 수 있을까요? 생각을 어떻게 내려놓습니까? 생각을 알아차린다는 것은 생각하고 있는 것을 안다는 거예요. 생각을 알아차리는 것이 놓는 것이고 알아차림은 생각의 본질을 경험하게 합니다. 생각의 본질은 공성이라고 해요. 생각은 아무것도 아니거든요.

셋째는 천천히 하는 것입니다.

이생에 못 깨우쳐도 미래 생에 깨우칠 수 있으니 천천히 하겠다는 마음가짐을 말합니다. 명상은 결과를 바라지 않고 천천히 하면 더 빨리 깨우치게 됩니다. 빨리 깨우치기를 바라면 그것이 바로 장애가 됩니다. 바라지 않고 기다리는 마음을 가지면 오히려 결과가 빨리 옵니다.

명상을 하면 평화, 기쁨, 만족감, 명료함, 고요함, 힘, 내공이 생깁니다. 이것 역시 바라면서 명상하면 멀어져 버립니다. 명상을 하면 저절로 따라오는 것입니다.

## 장애가 생겼을 때

수행을 시작하고 5년이 넘자 알아차리는 힘이 커지고 놀랄 만한 진전이 있었습니다. 그런데 어느 순간 진전이 없고 제자리걸음인 것 같았습니다. 좌선하는 것도 일처럼 여겨지고 재미가 없었습니다. 그때 아잔브람 스님이 한국에 오신다는 소식을 들었어요. 인터넷에서 아잔브람 스님의 법문을 듣고 훌륭한 큰스님이라는 확신이 생겼습니다. 그래서 한국에 계시는 동안 제가 스님 운전사가 되어 모시고 다니고 싶다는 말씀을 드렸고 스님이 허락하셨습니다. 스님과 다니는 동안 제가 겪고 있는 장애에 대해 여쭤 보았습니다.

"명상을 할 때 장애가 생기는 것은 무엇을 바라는 데서 온다. 더 많이, 늘 알아차리기를 바라는 마음이 바로 장애이다. 어떤 것도 바라는 마음이 없으면, 모든 바람을 렛고 하면 장애도 없을 것이다. 그리고 자신에게 친절하라"고 하셨습니다. 명상을 하기 전에는 비싼 차, 아파트, 좋은 물건을 갖고 싶은 욕심이 있었지만 명상을 시작한 뒤에는 명상을 더 잘하고 싶은 욕심, 더 길게 하고 싶은 욕심, 알아차림을 유지하고 싶은 욕심이 있었던 것이죠. 욕심이 앞으로 나아갈 수 없는 장애를 만들었다고 알려주셨습니다.

그리고 "마음이 산란해도 좌절하지 마라. 스스로에게 친절해라. 천천히 명상하는 힘을 길러라. 급하게 빨리 변화를 보려고 하면 오히려 앞으로 나아가지 못한다. 천천히 하는 게 가장 빠른 길이다" 하고 말씀해 주셨습니다. 그분과 함께 좌선하는 일주일 내내 명상이 잘되었고 환희로웠습니다. 바라는 것이 없으니 한 시간 두 시간 앉아 있는 것이 전혀 부담스럽지 않았습니다.

그 뒤로 지금까지 장애가 없습니다. 그냥 앉아 있기 때문입니다. 아무 바라는 것 없이 그냥 앉아 있어요. 산란해도 앉아 있고, 알아차림이 다시 올 때는 만족하며 앉아 있기 때문에 장애가 없습니다. 특히 아잔브람 스님은 과거와 미래를 내려놓아야 한다고 하셨습니다. 과거에는 배울 게 없다, 현재에만 배울 게 있다고 하셨습니다. 우리는 흔히 과거에서 뭔가를 배워야 한다고 생각하는데, 아잔브람 스님은 과거에는 배울 게 없다고 하셨어요.

명상이 잘되지 않을 때, 첫 번째로 생각의 층, 그러니까 과거를 내려놓고 미래에 대한 걱정도 내려놓아야 합니다. 과거에

# when
# difficulty
## comes

어려움에 대한
태도만 바꾸면
어려움이 훌륭한
스승이 될 것입니다

서 무엇을 배우든, 그 일이 다시 일어나지는 않는다는 것을 알아야 합니다. 우리가 미래에 일어날 것이라고 생각한 것들이 꼭 그렇게 되지는 않습니다. 그러니 미래에 대한 생각도 할 게 없다고 하셨습니다.

티베트 불교 큰스님 딜고 켄체르 린포체님은 이렇게 말씀하셨습니다.

쓸데없는 생각에 왜 마음을 무겁게 해.
지난 일의 궁리와 미래 일의 걱정은 무슨 소용 있는가.
바로 이 순간 단순함에 머물러 불법대로 살리라.
이 순간을 지키면
인생 주인 되리라.

원하는 모든 것을 내려놓으라는 이야기입니다. 남방불교에서는 모든 고의 원인은 무엇인가를 바라는 것 때문이라고 가르치고 있습니다.

두 번째는 친절함입니다. 스스로에게 친절하게 상냥하게 부드럽게 대하는 것입니다. 저는 과식을 하는 습관이 있었습니다. 과식을 하면 몸이 불편한데, 몸이 불편한 것보다는 내가 오늘 또 과식했구나 하는 자책하는 마음이 저를 힘들게 해요. 몸이 아플 때 아픈 곳을 사랑스럽고 부드럽고 상냥하고 친절하게 대하면 아픈 곳이 치유된다고 합니다. 몸과 마음에게 친절한 것은 아주 중요한 일입니다. 특히 장애가 생겼을 때, 자신에게 불만이 생겼을 때 더 친절해야 합니다.

# 나에게 맞는
# 명상을 찾는다

가부좌를 하고 앉아서 하는 것만이 명상은 아닙니다. 명상은 깨어 있는 것입니다. 생각과 감정, 소리·맛·몸의 변화를 알아차리고 깨어 있는 것입니다.

알아차리고 깨어 있는 방법은 다양합니다. 소리에 집착하는 마음, 맛에 집착하는 마음, 몸에 집착하는 마음 등을 알아차리는 다양한 명상법을 알아보겠습니다.

이 순간은 아무것도 하지 않아도
아름답습니다. 아무것도 하지 않아도
평화롭습니다. 이 순간을 즐겨 보세요.
들려오는 소리에 마음을 쉬세요.
앞에 피어 있는 꽃을 바라보세요.
그저 이 순간을 즐겨 보세요
그저 존재함의 단순함을
누려 보세요.

밤의 소리를 따라 집 근처를 거닐며
산책 명상을 해도 좋습니다.

## 소리
## 명상

소리 명상은 소리에 마음을 쉬듯이 명상하는 것입니다. 소리를 알아차리면 순수하게 소리를 경험할 수 있습니다. 우리는 음악을 좋아하고 소음을 싫어합니다. 칭찬을 좋아하고 비난을 싫어합니다. 소리 명상을 하면 소리에 대한 분별심을 없앨 수 있습니다. 소리 자체는 좋지도 나쁘지도 않습니다. 절대적으로 좋은 소리가 어디 있습니까? 모차르트의 음악도 좋다고 생각하는 사람이 많지만 듣기 싫다고 하는 사람도 있습니다. 소리는 소리일 뿐인데, 그 실상을 소리 명상으로 깨달을 수 있습니다. 그러면 모든 소리가 명상의 대상이 되어서 도움이 될 수 있습니다.

소리 명상은 언제 어디서나 할 수 있습니다. 눈은 감아도 되고 안 감아도 됩니다. 그저 편안하게 소리를 들어 보세요.

특정한 소리에 집중할 필요 없이 들리는 소리는 무엇이든 들어 보세요. 소리가 들리면 마음이 깨어 있다는 것을 알 수 있습니다. 생각에 빠진 산란한 상태라면 소리를 자각하지 못합니다.

소리가 들린다면 마음이 이 순간에 있습니다. 소리를 듣다 보면, 소리에 대한 생각이 일어날 수 있습니다. 그 생각에 의미를 두거나 따라가면 명상하고 있다는 것을 잊어버립니다. 명상은 생각하는 것이 아니라 생각을 놓는 것입니다. 생각이 일어나면 다시 알아차려서 소리를 들어 보세요. 순간순간 생각을 놓고 소리를 편안하게 들어 보세요. 소리 속에 마음을 쉬세요. 청각과 마음이 하나 된 상태, 이것이 소리 명상입니다.

## 먹기
## 명상

먹기 명상으로 하루에 세 번 명상 시간을 가질 수 있습니다. 먹기 명상을 하면 음식을 즐길 수 있고, 천천히 먹고 꼭꼭 씹어 먹기 때문에 살도 뺄 수 있습니다. 게다가 음식과 더 친절한 관계를 가질 수 있습니다.

우리가 식당에 가서 비싼 돈을 주고 음식을 먹을 때, 음식을 즐길 수 있는 가장 좋은 방법은 알아차리는 것입니다. 보통 알아차리지 않고 후루룩 먹어 버리고는 아, 맛있게 먹었다 말하지만 맛있게 먹은 순간을 따지면 몇 초도 되지 않을 것입니다. 먹는 동안 음식에 대한 집착도 만들고 비싼 음식을 제대로 즐기지 못합니다.

먹기 명상을 한번 해 볼까요?

먹기 전에 먼저 이 음식이 어디서 어떻게 여기까지 왔는지 짧게 생각하고 감사하면서 먹기 명상을 시작합니다. 먹기 명상은 오감을 활용합니다. 먼저 음식을 눈으로 보세요. 여기서 집착이 일어나는지 살펴보세요. 아니면 싫증을 내는 마음이 있는지 살펴보세요. 그저 살펴보세요. 이제 입에 넣고 질감을 느껴봅니다. 질감에 집착이 일어나는지 살펴봅니다. 딱딱한지 부드러운지 쫄깃쫄깃한지 살펴봅니다. 향과 맛이 어울려서 우리에게 즐거움을 줍니다. 꼭꼭 씹어서 맛을 음미하세요. 올라오는 생각을 그저 바라보고 내려놓으세요. 개념 없이 맛을 즐겨 보세요. 맛이 느껴지면 마음이 깨어 있다는 것을 확인할 수 있습니다. 맛과 마음이 하나 된 상태에서 음식을 먹습니다. 생각에 빠지면 부드럽게 생각을 놓고 다시 맛에 마음을 둡니다. 음식을 빨리 먹는 습관이나 과식하는 습관을 잘 알아차려 보세요. 알아차림이 있으면 여유 있게 적당히 먹게 될 것입니다.

## ● 몸
## 명상

습관은 몸에 배여 있습니다. 머리는 알더라도 몸은 습관을 따라갑니다. 담배 피는 사람은 담배가 나쁘다는 것을 알지만 몸의 명령을 따라서 계속 핍니다. 슬픔, 집착, 증오, 질투도 마찬가지입니다. 습관으로 몸이 굳어지고 통증도 생기는 것입니다. 몸을 편안하게 하면 마음도 편안해집니다. 몸의 긴장을 푸는 연습을 하다 보면 몸과 마음이 좋아집니다. 몸의 긴장을 푸는 연습을 짧게 자주 시도해 보세요.

코끼리는 시원한 촉감을 좋아합니다. 시원한 피부의 촉감에 집착해서 진흙이 있는 곳에 들어갑니다. 그러다 깊은 줄도 모르고 늪에 들어가 결국 빠져 죽는다고 합니다. 사슴은 아름다운 음악 소리를 좋아합니다. 어디선가 들리는 매혹적인 음악 소리에 집착해서 사냥꾼이 자신을 겨누고 있는지도 모르고 결국 총에 맞아 죽습니다. 코끼리는 촉감에, 사슴은 청각에 집착해서 죽게 된다는 이야기입니다. 나방은 왜 죽을까요? 밝은 빛에 집착해서 타 죽습니다. 물고기는 왜 죽습니까? 맛에 집착해서 낚시꾼한테 잡혀 죽습니다. 벌이 왜 죽습니까? 벌은 향에 이끌려 벌레를 잡아먹는 식물에 잡혀 죽습니다.

오감을 만족시켜 주는 대상한테 집착해서 고통의 수레에 빠져 돌고 돕니다. 남자는 여자의 몸을 갈망합니다. 여자는 남자의 몸을 갈망하구요. 이 갈망으로 온갖 고통을 만듭니다.

몸 명상으로 쾌락에 대한 집착과 통증에 대한 두려움을 극복할 수 있습니다. 몸과 마음은 밀접한 관련이 있습니다. 몸 명상은 몸과 마음을 맑게 합니다. 집착을 없앱니다.

몸 명상을 할 때는 누워도 되고 방석에 앉아도 됩니다. 누우면 바로 눕고 의자에 앉으면 양발을 바닥에 내려놓습니다. 척추를 바르게 해서 몸의 긴장을 푸세요. 몸 전체를 부드럽게 느껴 보세요. 긴장이 있으면 긴장을 허용하세요. 몸 전체를 느끼려고 하면 몸이 편안해집니다. 몸이 잘 느껴질 수도 있고 잘 느껴지지 않아도 괜찮습니다. 몸을 느끼려고 하는 의도만 있으면 됩니다.

먼저 발을 느껴 보세요. 그다음에 양다리를 느껴 보세요. 아랫배, 윗배, 양팔, 손등 하나씩 하나씩 느껴 보세요.

어깨의 힘을 빼세요. 어깨에 많은 긴장을 간직하고 삽니다. 그리고 눈과 입, 코와 귀를 느껴 보세요. 머리 전체를 느껴 보세요. 머리에도 긴장을 많이 간직하고 있습니다. 몸 명상은 천천히 해도 되고 스스로 속도를 조절해서 해도 됩니다.

그리고 몸 전체를 느껴 보세요. 몸이 느껴지면 알아차림이 있다는 것을 알 수 있습니다. 생각에 빠져 있으면 몸의 느낌을 자각할 수 없습니다. 몸에 마음을 쉬듯이 몸 전체를 편안하게 느껴 보세요. 몸과 마음이 하나 된 상태에서 쉬세요. 생각에 빠지면 다시 부드럽게 몸에 마음을 두세요. 다시 몸 전체를 느껴 보세요. 느끼려고 하는 의도만 있으면 몸과 마음이 편안해집니다.

## 형상
## 명상

먼저 작은 돌이나 아무 물건 하나를 보이는 곳에 놓고 척추를 바르게 해서 몸의 긴장을 푸세요. 눈을 편안하게 뜨고 앞에 있는 형상을 보세요. 형상은 모양이 있고 색깔이 있습니다. 형상을 자각하면 마음이 깨어 있는 것입니다. 앞에 있는 돌이 보인다면 마음이 이 순간에 있다는 것을 확인할 수 있습니다. 편안하게 형상을 보세요. 마음이 생각을 따라가면 앞에 있는 돌이 보이지 않습니다. 다시 알아차리면 형상이 다시 보입니다. 너무 집중하지 말고 열려 있는 마음으로 형상 명상을 하세요. 앞에 있는 형상에 마음을 쉬듯이 하고 편안하게 마음을 가지세요. 돌에 대한 판단이 일어나면 그 생각에 아무 의미를 두지 말고 내려놓으세요. 형상 명상은 돌을 분석하는 것이 아니라 돌에 대한 생각을 내려놓고 순수하게 형상을 알아차리는 것입니다.

형상 명상을 하는 동안 돌의 모양이나 크기, 어제 일어났던 일이나 미래에 대한 온갖 생각들이 일어납니다. 생각의 유혹이 강하더라도 내려놓을 줄 알아야 합니다. 이렇게 하면 점차 생각의 힘이 약해지고 알아차림의 힘이 강해집니다. 눈이 피곤해지면 잠시 눈을 감았다가 다시 형상 명상을 합니다. 때로는 돌 하나가 둘로 보일 수도 있습니다. 그러면 돌 두 개를 알아차리면 됩니다. 체험에 의미를 두지 않고 그저 알아차리면 됩니다. 때로는 앞에 있는 물건이 움직이는 것 같을 수도 있습니다. 그러면 움직이는 물건을 알아차리면 됩니다. 다시 편안하게 앞에 있는 돌을 알아차려 보세요.

형상 명상은 언제나, 어디서나 할 수 있습니다. 형상에 대한 좋고 나쁜 습관을 알아차릴 수 있습니다. 특히 보이는 것을 오만하게 판단하는 습관을 잘 알아차려 보세요. 모든 것을 순수하게 개념 없이 경험할 수 있는지 실험해 보세요. 모든 형상은 좋지도 않고 나쁘지도 않습니다. 형상 명상을 하면 형상의 실상을 알게 되고 아름다움에 집착하고 추한 것을 거부하는 집착을 내려놓을 수 있습니다. 시각과 마음이 하나 된 상태에서 쉬세요. 생각에 오랫동안 빠지더라도 좌절하지 말고 다시 편안하게 형상을 보세요. 형상 명상은 마음을 고요히 하는 데 가장 좋은 명상 가운데 하나입니다.

형상 명상은 미와 추에 대한 집착을 없애 줍니다. 외모에 집착해서 괴로워하는 사람들한테 도움이 될 것입니다.

## 선택 없는 명상

선택 없는 명상은 자유로운 알아차림과 비슷하지만 조금 다릅니다. 자유로운 알아차림처럼 어느 하나의 대상에 집중하지 않고 마음이 열려 있습니다. 마음이 편안하고 자유롭습니다. 하지만 자유로운 알아차림과 달리 순간순간 대상을 알아차립니다. 선택 없는 명상은 대상이 있는 명상이고, 자유로운 알아차림은 대상이 없는 명상입니다. 선택 없는 명상은 마음을 열어 놓고 대상이 나타나는 대로 알아차리는 것입니다.

앞에 있는 형상이 보이면 알아차림이 있다는 것을 확인할 수 있습니다. 하지만 계속 형상에 집중하지 않습니다. 소리가 들리면 소리를 편안하게 알아차립니다. 하지만 소리를 계속 알아차리려고 하지는 않습니다. 마음을 열어 놓고 편안하게 하면서 몸이 느껴질 수 있습니다. 그 느낌에 잠시 마음을 쉽니다. 그러면 몸의 긴장이 풀리는 것을 알 수 있습니다. 하지만 몸을 계속 알아차리려고 하지는 않습니다.

## 생각
## 명상

명상을 하게 되면 생각을 많이 보게 됩니다. 무엇보다 가장 좋은 명상은 생각 명상이에요. 우리는 생각을 다 보는 줄 아는데 실제로는 생각을 안 보고 살아요. 생각을 하고 있지만 생각하고 있다는 것을 모르는 거지요. 생각이 많이 보이고, 생각을 보게 되면 생각을 놓을 수 있어요.

흐르는 강을 막을 수 없듯이 일어나는 생각을 막을 수 없습니다. 생각은 마음의 자연스러운 기능입니다. 파도와 바다의 본질이 같듯이 생각과 마음의 본질은 같습니다. 생각을 알아차림으로써 마음의 본질을 알 수 있습니다. 생각은 마음의 텔레비전이라고 할 수 있습니다. 전깃줄이 없고, 가볍고, 재미있지만, 끄고 싶을 때 끌 수가 없습니다. 그리고 재방송밖에 없습니다.

우리는 생각 속에 삽니다. 생각 세계에 살고 있습니다. 생각 세계는 매우 좁고 고통이 많은 세계입니다. 우리는 하루하루 생각으로 몽상과 허상을 계속 만들고 '나'라는 존재도 구체화시키고 제한이 많은 고통의 세계를 만들어서 그 세계 안에서 살고 있습니다.

생각을 알아차리는 것이 명상의 핵심이라고 할 수 있습니다. 생각 명상은 생각을 그저 관(觀) 하며 생각의 순수한 목격자가 되어 생각을 담담하게 지켜보는 거예요. 생각과 동일시하는 습관이 생각을 알아차리는 자각심과 동일시되며 변화가 일어납니다. 마음의 본성인 자각심을 더 잘 알아차리게 되면서 마음이 편안해집니다. 자각심이 깨어납니다.

티베트 불교에서는 생각에서 벗어나는 것을 생각에서 해탈한다고 표현합니다. 이것은 부처님 법의 심장이라고 표현할 수 있을 정도로 중요한 명상 방법입니다. 생각에서 벗어나는 방법이라고도 할 수 있습니다.

생각이 이어질수록 망상이 굳어집니다. 생각이 이어지는 것을 망상의 사슬이라고 합니다. 망상의 사슬을 깨고, 깨고, 또 깨야 합니다!

생각을 못 보면 생각의 힘이 있기에 무서울 수도 있습니다. 생각을 보면 생각의 본질, 구름처럼 실체가 없고 이내 사라지는 것을 경험합니다. 생각에 빠져 있으면 생각이 직접적으로 보이지 않습니다. 생각이 직접적으로 보이면, 우리한테서 생각이 분리되어 있다는 확신을 가질 수 있습니다. 이것이 알아차림의 힘입니다. 알아차림이 있으면 생각과 감정과 분리되어 있습니다.

생각을 알아차리는 연습을 하는 것이 매우 중요합니다. 그러면 어떻게 생각을 알아차릴 수 있을까요? 생각이 일어나면 담담하게 지켜보는 것입니다. 생각이 보이면 생각에서 벗어납니다. 생각이 없으면 생각이 일어나기를 바라지 않고, 생각이 있으면 담담하게 지켜보세요.

그런데 초보자들은 생각이 이어질 수밖에 없어요. 생각의 힘이 엄청나거든요. 하지만 생각이 조금씩 얌전해집니다. 생각이 느려져요. 처음에 초보자들은 생각이 아주 빠르게 폭포처럼 마구 쏟아지는 것을 경험할 수 있어요. 명상하지 않으면 생각이 마구 쏟아지는 것도 몰라요. 하지만 명상을 처음 배우면 '헉! 생각이 이렇게 많네' '내 마음이 이렇게 어지럽네' '너무 불안하네' '전혀 집중할 수 없네' 이런 것을 알게 되죠!

생각이 얼마나 많은지 알게 되는 것이 첫 번째 명상의 단계인데, '폭포 단계'라고 해요. 사실 초보자들은 생각을 알아차린다고 해도 생각에서 벗어나기 어려워요. 알아차리는 힘이 약하고 생각의 힘이 강하기 때문이에요. 특히 감정과 같이 오는 생각들은 지켜보아도 잘 벗어날 수 없어요. 하지만 연습을 하다 보면 벗어나지지 않는 생각이 없어요. 그래서 중요한 것은 생각에서 벗어나는 것이며 이것에 익숙해져야 해요. 쓸데없는 생각, 망상, 고통을 만드는 생각, 업을 만드는 생각, 나를 구체화하는 생각이 있을 때 '오! 알아차림!' 하면 생각에서 벗어나게 됩니다.

두 번째 단계는 강물 단계입니다. 강은 때로는 굉장히 시끄럽지만 때로는 굉장히 조용합니다. 어떤 분들은 마음이 고요하다는 것을 이미 경험하셨을 거예요. 그 순간에는 아, 이제 나도 명상가가 되었다고 생각하지만 그다음 날은 우울합니다. 강물처

매우 용감한
기도는
'내가 성장하기
위해서 필요한
어떤 것이라도
주소서' 입니다.

럼 시끄러웠다가 고요했다가 하는 것이죠.

세, 번째 단계는 호수, 바다 단계입니다. 깊은 호수와 바다는 표면은 출렁거리더라도 밑은 고요합니다. 어떤 감정과 생각이 올라와도 동요하지 않아요. 까맣고 정신없는 우리 마음이 하얗고 차분한 마음으로 변하는 거예요. 이 단계를 생각하시면 명상하고 싶은 마음이 생깁니다.

망상의 사슬이 깨지고 생각과 생각 사이에 있는 공백! '생각 없는 깨어 있음'을 경험하게 됩니다. 고요해지는 것이지요. 이 공백이 벌어지기 시작하고 그러면서 우리의 본성인 순수 자각이 열리기 시작하고 조건 없는 평화, 조건 없는 행복, 조건 없는 사랑이 드러나기 시작합니다.

그러면 어떻게 하면 생각을 많이 알아차릴 수 있을까요?

가장 중요한 것은 알아차리려고 하는 의도입니다. 의도가 경험을 만듭니다. 알아차리겠다, 깨어 있겠다, 생각을 굴리지 않겠다는 의도를 가집니다.

하지만 우리는 계속 잊어버립니다. 또 습관적으로 생각을 굴리고 또 쓸데없이 고통을 만들고 마음을 무겁게 합니다. 그래서 의도를 계속 상기시켜야 해요. 영어로 하면 'remindfulness'. 계속 떠올리고 마음에 새겨야 합니다.

생각에서 해탈하는 것이 얼마나 중요한지 잊지 마세요!

## ⁝ RAIN
## 명상

'RAIN'은 비를 뜻하는 영어 단어지만 여기서는 여러 단어의 머리글자를 따서 만든 거예요. 수많은 불교 명상 지도자들이 부정적인 감정이 들 때마다 그 자리에서 감정을 다룰 수 있는 방법으로 RAIN을 제안했는데, 실제 우리의 본성으로 돌아갈 수 있게 도와주는 매우 탁월한 방법입니다. 자, 비를 맞으러 가 볼까요?

**✚ R(Recognize): 인지하기**
'슬픔이 있구나.'
'내가 슬픈가 보다.'
'아, 슬픔이 왔구나.'
'이것이 슬픔이구나.'
슬픈 마음, 감정을 인정하는 것입니다. 지금 바로 여기에서 일어나는 생각과 감정, 감각에 주의를 기울이고 인식하는 것입니다. 감정과 나 사이에 거리를 두세요. 슬픔에 빠져 있으면 몸에서 일어나는 떨림이나 예민함을 알지 못하고 슬픔이 일으키는 또 다른 감정을 알아채지 못하게 됩니다. 그래서 지금 일어나고 있는 감정이나 생각에 귀를 기울이고 바라보는 것입니다.

✚ **A(Allow): 허용하기**

'있어도 돼.'

'괜찮아.'

'슬픔을 만날 수 있으면, 느껴 보자. 슬픔이여 오라.'

슬픔이 오면 힘이 빠지죠. 누구나 슬픔이 오면 슬픔을 피하고 싶고, 슬픔이 없기를 바라는데 그것은 자연스러운 일입니다. 그런데 이것을 되풀이하면 거부하는 마음이 강하게 올라옵니다.

화에 대해 이야기하면서 말씀드렸듯이 어떤 감정에 저항하는 것은 감정에 힘을 실어 줄 뿐입니다. 피하거나 저항하는 것은 일시적으로 사라지거나 감정이 풀린 것처럼 느끼게 하지만 앙금처럼 가라앉아 있다가 다음번에 더 강하게 옵니다.

감정 자체는 좋고 나쁜 게 없다는 것을 분명히 알아 두셔야 합니다. 받아들이는 것에 따라 괴로움의 원인도 행복의 원인도 될 수 있습니다. 성장할 수 있고, 수행에 보탬이 된다면 밀어낼 이유가 없습니다. 그래, 이제 공부할 수 있는 기회가 왔구나 하고 오히려 두 팔 벌려 환영하고 허용하는 것입니다.


✚ **I(Investigate): 살펴보고 지켜보기**

의사처럼, 과학자처럼 객관적으로 보는 것입니다. 의사가 상처를 살펴볼 때 나쁜 상처, 좋은 상처로 구분하지 않고 자세히 보듯이 우리도 감정을 자세히 보되 판단하지 않고 개념화하지 않고 담담하게 보는 것입니다.

'슬픔이 오니 몸이 무겁구나.'

몸의 무거움을 느껴 봅니다.

'고개가 아래로 처지는구나.'

고개가 처진다고 해서 좋거나 나쁘거나 할 것 없이 그저 담담하게 바라봅니다. 이것이 알아차림입니다. 알아차림은 판단이나 결론을 내리지 않고 그저 보는 것입니다. 관(觀)한다고도 하고 마음챙김이라고도 합니다. 용어가 어떻든 감정을 좋다 싫다 하지 않고 그저 바라보는 것입니다. 몸 어디에 슬픔이 있는지, 슬픔이 보이면 알아보고 인정하면서 '반갑다. 있어도 된다'고 말하며 가만히 지켜보십시오.

✦ **N(Non-identification): 동일시하지 않기**

'슬픔은 내가 아니다.'

'지금의 이 감정, 이 슬픔은 내가 아니다.'

우리는 종종 슬픔이 일어나면 스스로를 슬픔과 동일시합니다. 내가 슬픔 그 자체가 되는 것이지요. 하지만 슬픔은 내가 아닙니다.

호수에 물결이 일렁이듯이, 바다에 파도가 치듯이, 하늘에 구름이 있듯이 감정도 늘 일어납니다. 파도는 감정이며 바다는 우리의 본성입니다. 감정을 느끼고 보되, 내 안에 움직이지 않는 자각심, 변치 않는 마음이 있음을 알고, 그 마음과 동일시해야 합니다.

그런데 우리는 파도 밑에 있는 깊고 광대한, 변하지 않는 고요한 마음의 본성과 동일시하지 않고 오히려 파도와 자신을 동일시합니다. 구름과 파도는 현상일 뿐인데 그게 전부라고 생각하는 것이지요. 복잡하게 생각할 필요 없이 그저 바라보십시오.

감정이나 생각이 보이면, 그 감정이나 생각에서 떨어져서 빠져나왔다는 것입니다. 일어나는 감정이나 생각을 '나'와 동일시하지 않게 된 것입니다.

밍규르 린포체님은 처음에는 보이지 않던 감정과 생각을 보게 되면 차츰 마음의 본성을 보게 될 것이라고 말씀하셨습니다. 늘 밖으로 향하던 시선을 마음의 본성이 있는 그 자리, 안으로 돌렸기 때문입니다. 자신의 깊은 본성과 동일시하는 연습을 많이 하세요.

이제 분노나, 슬픔, 고통은 나를 괴롭히는 감정이 아니라 공부의 좋은 원인이 되는 것입니다.

## ⋮ 마음 TV
## 명상

TV를 보시나요? 저마다 좋아하는 드라마나 뉴스, 스포츠 방송이 있겠지요? 드라마를 좋아하는 분들은 드라마의 주인공이나 등장인물에 동화되어 그들처럼 슬퍼하고 기뻐하고 분노하고 때로는 왜 저렇게밖에 못 하나 안타까워하기도 합니다. 어떤 불행이 닥칠까, 좋은 일이 생길까, 어떻게 대응할까 애를 태우며 봅니다. 그 드라마가 인기 있는 프로그램이라면 다른 사람들과 이야기하며 공감합니다. 그런데 어떤 프로그램보다 흥미롭고 재미있는 것이 있습니다. 바로 밍규르 린포체님께서 마음 TV라고 한 명상입니다.

자신의 마음 안에서 끊임없이 일어나는 생각을 바라보는 것이 마음 TV 명상입니다. 단점이 있다면 전부 재방송이라는 점입니다. 아마 드라마보다 훨씬 더 극적이고 스포츠보다 더욱 역동적일 겁니다.

아침에 일어나서 잠을 잘 때까지 수많은 생각을 합니다. 그런데 정작 자신은 생각하고 있다는 것을 모릅니다. 누군가에게 섭섭하거나 화가 나는 일이 있으면 재방송을 보듯 하루 종일 똑같은 생각을 되풀이하고 있습니다. 생각을 본다고 해도 제대로 보지 못하고 생각의 끝자락만 겨우 보기도 합니다. 그 생각에 이끌려 가기 때문이지요.

생각하고 있다는 것을 아는 것, 이것이 알아차림입니다. 생각한다는 것을 알아차리는 것이 명상의 기반입니다. 생각하고 있다는 것을 직접 보는 것입니다. 잘 보이지 않나요? 그렇다면 아직 생각에 빠져 있는 것입니다.

생각을 본다는 것은 바깥에 있던 시선을 안쪽으로 돌리는 것입니다. 잘하는 게 별로 없다는 생각이 들 때, 바로 그때 그 생각을 놓는 연습을 해 보세요. 생각을 하고 있구나, 이런 생각이구나 하고 알면 생각이 놓아집니다. 이것이 바로 마음 TV를 보는 것입니다. 마음 TV를 보면 생각에 이끌려 자신을 힘들게 하고 있다는 것을 깨우치는 데 도움이 됩니다.

지하철을 타고 갈 때처럼 특별히 할 일이 없으면 내면의 TV를 보세요. 설거지를 하면서, 차 한 잔 마시면서 마음 TV를 보세요. 마음 TV는 주인공이 바로 나 자신입니다. 주인공이 어떤 생각을 하고 어떤 감정을 갖고 지내는지 잘 보세요. 주인공은 다른 사람들보다 돈이나 명예, 지위가 높으면 행복하다고 생각합니다. 평생 그것을 갖기 위해 갈망하며 노력합니다. 많이 가져야 하고 영원해야 한다고 생각합니다. 때로는 많이 가질 때도 있지만 때로는 잃어버립니다. 그럴 때는 불행해졌다며 괴로워합니다. 자신을 비하하는 주인공은 어제는 이 사람을 미워했다가 오늘은 저 사람 때문에 고통스러워합니다. 몇 년 전에 일어났던 일을 다시 꺼내어 기억하면서 마치 지금 눈앞에 그 사람이 있는 것처럼 미워하고 비난을 퍼붓고 화를 내기도 합니다. 아직 일어나지도 않은 먼 미래의 일을 상상하면서 잘 될까, 안 될까 불안해하며 좌절합니다.

주인공이 가엾다고 생각하는 분은 TV 안에 들어가서 이런저런 충고를 해 주고 싶은 마음이 들 수도 있을 거예요. 하지만 마음 TV에서 마음과 생각과 감정이 꼬리에 꼬리를 물고 일어나는 것을 보고 '나는 생각이 너무 많아. 사슬로 연결되어 있는 이것의 어디를 끊어야 하지?' 하고 고민할 필요가 없습니다. 그저 바라만 보면 됩니다. 바라보면 끊어집니다. 이것이 바로 마음 TV 명상입니다.

# 티베트 전통 수행, 로종

부처님의 8만 4천 모든 가르침은 마음을 닦기 위한 것입니다. 마음 닦기 수행은 티베트 말로 로종이라고 합니다. '로'는 마음이라는 말이고 '종'은 '훈련하다, 닦다'는 말입니다. 대승불교의 핵심은 보리심입니다. 티베트 불교의 로종 수행 전통은 보리심을 기르는 마음공부입니다. 보리심은 두 가지로 나눌 수 있는데, 상대적 보리심은 이타심이고 궁극적 보리심은 공성을 의미합니다.

윤회와 고통의 원인은 두 가지입니다. 아집과 아애집입니다. 아집은 내가 절대적으로 존재한다고 믿는 것입니다. 또한 내가 독립적으로 존재한다고 잘못 알고 있습니다. 이 기본적인 착각에서 아애집이 생깁니다. 아애집은 나를 아끼는 마음입니다. 누구보다 자신을 더 중요하게 여깁니다. 자기만을 아끼고 자신만을 생각하는 마음에서 모든 고통과 허물이 생깁니다. 아애집은 자기 자신에게 지나치게 관심을 가지고 걱정하는 것을 말합니다.

상대적인 보리심 수행은 이타심을 기르는 수행입니다. 이타심은 아애집을 대치합니다. 그리고 궁극적 보리심인 공성은 내가 절대적으로 존재한다는 견해에서 벗어나게 합니다.

모든 티베트 불교의 스승들은 로종을 수행하고 가르치십니다. 로종 수행은 누구나 할 수 있는 실용적이고 바로 도움이 되는 깊은 심리학입니다.

아티샤 존자님은 이 수행을 인도에서 티베트로 전수해 주셨습니다. 그의 제자인 랑리 탕빠는 로종 수행을 하시면서 대승불교의 가르침인 보리심을 간단하게 여덟 구절로 정리하셨습니다. 이것이 바로 '마음 훈련 8구절'입니다. 8만 4천 경전의 핵심이 여기에 모두 들어 있습니다.

달라이라마 존자님도 법문에서 마음훈련 8구절을 인용하며 8구절이 주는 혜택을 자주 말씀하십니다. 지칠 때 힘을 주고 수행의 과정에서 용기를 주는 가르침이라고 하셨습니다. 저 역시 제 삶에 크게 도움이 되었습니다. 그리고 지금도 계속 익히고 있습니다.

1~7절까지는 상대적 보리심, 그러니까 자비심과 이타심 수행에 대한 내용입니다. 나만 아끼는 마음을 이타심으로 대치하여 기르는 것입니다. 8절은 궁극적 보리심, 공성을 기르는 내용입니다.

## 마음훈련
## 8구절

여의주보다 귀한
모든 중생 위하여
성불하고자 하며
항상 중생 아끼게 하소서


타인하고 있을 때
가장 낮은 자리에서
진심으로 남들을
최상으로 아끼게 하소서


항상 내 맘 살펴서
번뇌 일어나자마자
남과 나를 해칠까
바로 굳게 대치하게 하소서


성질 나쁜 인간이
악행 깊이 빠질 때
값진 보물 찾듯이
귀중하게 아끼게 하소서

안 되겠다, 내 마음 좀 들여다봐야겠다

남이 질투 때문에
나를 비방할 때
패배 내가 지니고
승리를 남에게 바치게 하소서

희망 기대 갖고서
내가 많이 도와준 이가
나를 해쳐도
선지식으로 모시게 하소서

직접 간접적으로
중생께 행복 바치고
모든 고통을 내가
은밀하게 받게 하소서

세속 8풍에 물 안 들고
모든 현상 환영인 줄 알고
집착 안 하여
중생 해탈하게 하소서.

여의주보다 귀한

모든 중생 위하여

성불하고자 하며

항상 중생 아끼게 하소서

With a determination to achieve the highest aim

For the benefit of all sentient beings

Which surpass even the wish-fulfilling gem,

May I hold them dear at all times.


어떤 소원이든지 다 들어주는 것을 상징적으로 여의주라고 합니다. 현대 사회의 여의주는 아마 돈일 것입니다. 다들 여의주를 좇고 있습니다. 돈에 대한 욕심은 돈을 많이 벌고 싶은 것이기도 하지만 돈이 없어질까 봐 두려워하고, 돈이 없어지지 않게 지키려고 하는 욕심도 포함됩니다. 돈만 있으면 행복하다고 생각하지만 우리의 마음은 늘 만족하지 못하고 불안합니다.

나이가 들수록 허전하고 외롭다는 사람이 많습니다. 중년의 위기라는 말이 있는데, 사람들과 관계를 잘 맺지 못하고 주변 사람한테서 위로받지 못하는 것을 의미합니다.

허전함, 만족하지 못함, 아픈 마음을 어떻게 달랠 수 있을까요? 바로 사람들과 진정으로 소통하고 관계를 맺는 것으로 채울 수 있습니다. 오직 다른 사람과의 연결성을 통해서 허전함을 채울 수 있습니다. 돈은 물질적인 편안함을 가져다줄 수 있지만 정신적 편안함까지 가져다줄 수 없습니다. 하지만 사람을 통해 모든 행복을 얻을 수 있습니다. 그래서 마음훈련 1절에서는 여의주(돈)보다 사람이 더 소중하다고 이야기합니다. 우리는 다른 사람을 통해 행복해지는 존재이기 때문입니다.

어떤 심리학자는 사람들이 고립될 때 대부분 약물을 복용, 남용하고 다른 사람들과 어울릴 때는 전혀 하지 않는다고 했습니다. 삶의 무게에 억눌려 어울릴 수 없을 때 안도감을 느끼기 위해 어떤 것을 갈구하게 되고 그것이 약물이나 알코올의존증으로 이어진다는 것입니다.

내가 마음을 열면, 다른 사람도 마음을 엽니다. 내 모자람을 상대를 통해 채우려고 하면 좋은 관계가 될 수 없습니다. 로맨틱해 보이는 관계는 사실 집착하는 관계일 수 있습니다. 스스로 튼튼하고, 다른 사람에게 줄 수 있는 힘이 있어야 건강한 관계를 만들 수 있습니다. 우리 사회의 갈등과 공격성은 다른 사람과의 연결을 통해서만 해결할 수 있습니다. 순수한 애정과 소통이 정말 필요합니다. 다른 사람에게 마음을 열고 나누고 소통하겠다는 의도가 필요합니다. 이런 관계를 맺고 있는 사람은 돈이나 땅이 없어도 행복하고 만족해합니다.

물론 상대적 행복 그러니까 옷이나 음식 같은 물질적 행복도 필요합니다. 그러나 이러한 물질은 어떤 과정을 통해 나에게 오게 된 것인지 생각해 보십시오.

우리가 당연하게 여기는 것들은 사실 수많은 사람들이 이바지한 결과입니다. 그분들이 얼마나 애썼는지 모릅니다. 사람은 누구라도 제가 잘나서 살아가는 게 아닙니다. 서로서로 기대어 살아가고 있습니다. 어느 한순간도 혼자서는 살 수가 없습니다. 타인 없이는 내가 살 수 없습니다. 그러니까 타인이 살아야, 중생이 살아야, 내가 살아갈 수 있습니다. 그래서 타인을, 중생을 살리는 길이 내가 사는 길입니다.

궁극적 목표나 상대적 행복 모두 중생을 통해 얻을 수 있는 것이며 우리는 이들을 통해 살아남을 수 있습니다. 불교에서 말하는 성불, 그러니까 삶의 마지막 목표는 궁극적 행복입니다. 성불은 나만이 아닌 모든 사람이 궁극적인 목표를 이루는 것입니다.

그러므로 모든 중생을 아껴야 합니다. 『입보리행론』을 보면 누구를 만날 때 마음속으로 그 사람이 나한테 행복의 은인이라는 것을 아는 마음으로, 사랑의 마음으로 맞이하라는 이야기가 나옵니다. 모든 사람이 우리의 은인입니다.

✦ **마음훈련 2절**

타인하고 있을 때
가장 낮은 자리에서
진심으로 남들을

안 되겠다. 내 마음 좀 들여다봐야겠다

최상으로 아끼게 하소서

When I am with others,

May I consider myself least important.

And from the depth of my heart,

Cherish others and hold them supreme.


우리는 수많은 존재와 같이 살지만 다른 사람보다 우리 자신을 더 아낍니다. 하지만 나는 하나이고 타인은 수없이 많습니다. 한 사람 한 사람 귀한 존재이지만 단 한 존재, 나만을 아끼며 삽니다. 나라는 사람 이 독립적으로 존재한다고 생각하여 나와 타인 사이에 선을 그으며 나 만 아끼는 것입니다. 현실적으로 수많은 중생과 같이 사는데 딱 한 사 람, 나만 아끼고 살기 때문에 힘든 것입니다.

가족을 아낀다고 해도 우리 가족만 아낍니다. 다른 사람의 가족도 아낄 만하고 당연히 존중받을 만합니다. 그런데도 내 가족만 아끼는 것 이 당연하다는 착각 속에서 살아갑니다.

마음을 수행하는 단계에서 처음에는 우리 자신을 다른 사람보다 더 아끼지만 그다음에는 모든 사람과 나를 똑같이 대하게 된다고 했습 니다. 마음훈련을 하신 분들을 보면 다른 사람을 자신과 똑같이 여기는 모습을 볼 수 있습니다. 이분들을 뵈면 따뜻한 자비심이 온몸으로 느 껴집니다. 그다음 단계는 자신보다 타인을 더 많이 아끼는 단계입니다. 자신은 한 명이고 타인은 수없이 많기 때문입니다.

티베트의 어떤 스승님은 가장 안 좋은 침대는 본인이 쓰시고 제일 안 좋은 음식도 본인이 드십니다. 좋은 것은 늘 제자들에게 주십니다. 제 은사스님도 늘 다른 사람을 더 많이 챙기는 자비로운 분입니다. 좋은 음식을 같이 먹을 때 저한테 준 적이 수없이 많습니다. 설거지를 할 때도 저를 밀어서 못 하게 하고 당신이 다 하십니다. 저를 이렇게 사랑해 주신 분은 처음입니다. 은사스님은 가장 낮은 자리에서 진심으로 남을 대하십니다. 이러한 삶이 행복을 가져다주는 삶입니다.

저는 십여 년 전 이 구절을 읽고 큰 감동을 받았습니다. 어떻게 이런 마음을 일으킬 수 있을까, 어떻게 나보다 다른 사람을 더 귀하게 여기는 마음이 일어날 수 있을까 감탄했습니다.

수없이 다양한 사람들이 모여 사는 사회에서는 자기주장이 강하고 오만한 사람들이 신망을 얻지 못합니다. 겸손하고 다른 사람을 소중히 여기고, 타인의 의견에 귀 기울이고 자기를 앞세우지 않는 사람이 사회에서도 사랑과 존경을 받습니다. 진정한 지도자가 됩니다. 2절은 우리 사회에도 아주 도움이 되는 구절입니다.

오만하고 에고가 강한 사람은 정말로 자기가 원하는 것을 이루지 못합니다. 간혹 일시적으로 성공할 수 있지만 장기적으로는 실패하기 마련입니다. 스스로도 행복하지 않고, 사람들과 갈등을 빚고, 주변에 긍정적인 기여를 하지 못하기 때문입니다. 사회나 회사, 가정 어느 곳에서든 긍정적으로 이바지하고 스스로 행복할 수 있는 비결이 여기에 있습니다. 2절은 타인과 함께 있을 때 다른 사람을, 모든 한 사람 한 사

안 되겠다, 내 마음 좀 들여다봐야겠다

람을 부처님 모시듯이 최고로 모시자는 뜻입니다.

다른 사람이 행복하면 나도 행복합니다.

중생이 행복하면 나도 행복합니다.


✦ **마음훈련 3절**


항상 내 맘 살펴서

번뇌 일어나자마자

남과 나를 해칠까

바로 굳게 대치하게 하소서

In all my deeds, may I examine my mind,

And as soon as mental and emotional afflictions arise

As they endanger myself and others

May I strongly confront and avert them.


번뇌가 생겼을 때 번뇌에 이끌려 다니거나 그대로 놔두면 감정으로 번지고 습관으로 변해 버립니다. 그래서 삶이 괴로워집니다. 따라서 번뇌가 일어나자마자 처리하면 벗어나는 게 쉬워집니다.

우리에게는 다섯 가지 번뇌가 있습니다.

첫 번째 번뇌는 번뇌의 왕이라 할 수 있는 무지, 바로 무명입니다.

모든 번뇌가 이 번뇌에서 나옵니다. 실상을 모르기 때문에 번뇌가 생기며, 모른다는 것조차 모르는 게 무명입니다. 실상을 아는 것이 무지에 대처하는 방법입니다. 실상은 고(苦), 무아(無我), 무상(無常), 공성(空性)을 의미합니다.

두 번째 번뇌는 분노와 증오입니다. 화를 다스리는 것은 앞에서도 말씀드린 것처럼 그저 바라보는 것입니다. 일어나고 사라지게끔 허용하는 것이 가장 좋은 방법입니다.

마음도 물질적인 세계와 비슷하게 작동합니다. 열이 있을 때 차가움으로 대처하면 가라앉듯이 남이 안 되기를 바라는 마음인 분노가 일어날 때 이에 대처하는 마음은 남이 잘되기를, 행복하기를 바라는 마음입니다. 이런 마음을 사랑 혹은 자애심이라고도 합니다.

세 번째 번뇌는 집착입니다. 집착하는 마음이 생기면 집착하는 대상이 행복의 원인인 줄 착각합니다. 이때 집착의 대치법은 그 대상의 허물을 아는 것입니다. 그리고 집착을 닦을 수 있는 가장 좋은 기회는 몸이 반응할 때입니다. 집착하는 대상을 보면 몸에서 반응이 일어납니다. 집착은 몸에 새겨져 있습니다. 몸이 간절히 원할 때 대치할 수 있다면, 그러면 집착하는 습관을 닦을 수 있습니다.

네 번째 번뇌는 질투입니다. 마음 상태 중에서 가장 낮은 마음이 질투심이라고 합니다. 사랑의 반대라고 합니다. 사랑은 다른 사람이 행복하기를 바라는 마음인데 질투는 다른 사람의 행복에 불행하고, 다른 사람의 불행에 행복한 것입니다. 이보다 더 천한 마음이 있겠습니까.

하루에 열 번 백 번 천 번 스스로한테
알려 주세요. '알아차려야 한다,
알아차려야 한다. 알아차려야 한다.'

---

▲ 목어 : 물고기는 밤낮 눈을 감지 않는다. 그래서 수행자로 하여금
졸거나 자지 말고 늘 깨어서 꾸준히 정진하라는 뜻으로
물고기 모양으로 만들었다고도 한다.

질투심에서 비난과 증오가 생깁니다. 질투로 남을 비난해도 좋은 줄 착각합니다. 질투 때문에 남의 공덕을 인정하지 못하고 좋은 사람을 비난합니다. 질투해서 얻을 수 있는 것은 하나도 없고 손해만 봅니다.

증오나 분노처럼 화가 났을 때는 분명히 알 수 있습니다. 그런데 수행을 한다고 해도 잘 알아차리지 못하는 것이 질투와 오만입니다. 훨씬 더 미세하기 때문입니다.

'이 사람은 똑똑해서 얼마나 좋을까. 부자라서 좋겠구나. 공덕으로 이렇게 되었구나. 성실해서 이룬 성과구나' 하고 수희(함께 기뻐하며) 찬탄하면 됩니다. 질투하는 마음의 대치법은 함께하는 마음입니다. 아주 하기 쉽고 훌륭한 일입니다.

저도 질투가 많습니다. 그래서 질투심이 일 때 수희 찬탄하려고 합니다. 함께 기뻐하면 다른 사람의 공덕이 우리에게도 온답니다. 다른 사람의 행복이 우리한테도 행복이 되면 정말 기쁜 일이죠.

수행의 길에서 가장 큰 장애 가운데 하나가 비꼬는 버릇이라고 생각합니다. 이것은 질투하고 시기하는 것과 관계가 있는 것 같아요. 다른 사람에 대해 냉소적인 마음이 일어나면 그 사람 처지를 살펴서 행복이나 고통을 함께하려고 노력해야 합니다. 우리한테 있는 날카롭고 거친 면을 부드럽게 해 줄 방편입니다.

다섯 번째 번뇌는 오만입니다. '나는 이 사람보다 낫다. 더 똑똑하다. 더 자비롭다. 더 수행을 잘한다' 하는 것이 오만입니다. 사실 우리 모두 기본적으로는 자비롭고 똑똑합니다. 오만의 대치법은 우리가 기본적으로 같다는 것을 아는 것입니다. 가능성이 같다는 것을 아는 것입니다. 이를 자각할 수 있는 것, 이런 생각을 하는 것이 대치법입니다. 절을 하는 것도 좋은 대치법이 될 수 있습니다.

대개 일이 잘 풀릴 때 오만이 생깁니다. 자기 자랑을 은근히 잘합니다. 오만을 알아차리기 어려운 이유는 긍정적이기 때문입니다. 우리 에고는 잘하는 것을 드러내고 못하는 것을 숨기려고 합니다. 수행의 목적이 에고를 없애는 것이라면 잘못을 밝히고 좋은 점을 숨겨야 한다고 로종 경전에 나옵니다.

최근 힐링이 유행인데, 긍정을 너무 강조하는 것 같습니다. 긍정하는 마음이 중요한 까닭은 현대인의 마음이 매우 부정적이기 때문입니다. 그래도 오만은 경계해야 합니다. 참된 자신감이 있으면 자랑할 필요가 없죠. 내면의 힘이 있으면 우리가 착하다고 증명할 필요가 없죠.

✤ **마음훈련 4절**

성질 나쁜 인간이
악행 깊이 빠질 때
값진 보물 찾듯이
귀중하게 아끼게 하소서
When I see beings of unpleasant character

Oppressed by strong negativity and suffering,

May I hold them dear for they are rare to find

As if I have discovered a precious treasure!


어느 스승님께 문제가 있는 제자가 있었습니다. 다른 제자들은 그를 안 좋게 얘기하고 따돌리기도 했습니다. 그 제자는 왕따를 견디지 못해 결국 떠났습니다. 하지만 스승님은 그를 다시 데리고 왔습니다.

인도의 아티샤 존자가 티베트에 처음 왔을 때 차 만드는 아이를 함께 데리고 오셨습니다. 그 아이는 말도 안 듣고, 화도 잘 내는 아이였습니다. 하지만 그 아이를 계속 데리고 있었습니다.

왜 그랬을까요? 모든 일에 부정적이고 불평을 많이 하는 사람을 만나면 안 좋은 생각이 일어나고 멀리하고 싶습니다. 그러나 위의 예화에서처럼 두 스승은 인욕을 수행할 수 있는 아주 좋은 기회로 여겼습니다. 우리에게 뭔가를 달라는 사람은 많지만 인욕을 공부하게 하는 사람은 많지 않습니다. 그만큼 귀한 일입니다.

그렇다면 성질 나쁜 인간이란 어떤 사람들일까요? 누구한테도 사랑과 관심을 받지 못하는 사람들입니다. 불우한 가정생활로 어린 시절에 사랑을 받지 못했고 고통 또한 많은 사람들입니다. 마음속에 좌절과 상처가 많은 사람들입니다. 하지만 근본적으로 다른 사람과 마찬가지로 마음이 순수하고 선한 사람들입니다. 우리의 사랑이 많이 필요한 사람들입니다. 이들에게 더 따뜻한 말을 해야 하는 이유는 이들도 나와 똑같이 오직 행복을 바라고 고통을 원하지 않기 때문입니다. 그래서 이런 사람을 만났을 때 값진 보물 보듯이 귀중하게 여기라는 것입니다.

좋지 않은 사람과 잘 지내는 것이 쉬운 일은 아니지만 인내심을 키우는 데는 분명히 좋은 일입니다. 이런 사람과 지내는 것은 우리한테는 하루 중에서 잠깐이지만, 그 사람은 자신의 좋지 않은 성격과 습관을 온종일 달고 있습니다. 다른 사람을 괴롭히는 것만 아니라 스스로도 괴롭히며 살고 있는 것입니다.

그 사람을 이렇게만 생각할 수 있다면 그를 귀중하게 생각하고 자비심을 낼 수 있습니다. 그에 대해 좋지 않게 생각하는 마음을 내려놓고 그 사람 처지가 되어 생각하는 것, 나와 똑같이 오직 행복을 바라고 고통을 원하지 않는 사람이라는 것, 자신의 습관과 성격 때문에 고통의 원인을 만들고 행복의 원인을 파괴하며 살고 있다고 생각하면 얼마나 가여운 마음이 듭니까? 행복을 원하지만 행복의 방법을 몰라서 자신뿐만 아니라 주변까지 고통스럽게 하는구나 생각하면 그 사람을 소중하게 생각할 수 있습니다.

물론 이런 사람을 만날 때 쉽게 생각이 나지 않습니다. 그래서 명상을 해야 합니다. 일부러 시간을 내서 그의 처지를 생각하면 좋아하지 않는 마음이 사라지고 그를 귀히 여기게 됩니다.

자신을 사랑할 수 없는 이런 사람에게 우리의 사랑과 관심이 가장 많이 필요합니다. 그를 고치려고 하는 것은 도움이 되지 않습니다. 가볍게 꾸짖는 것도 도움이 되지 않을 수 있습니다. 오히려 그 사람을 이해하려는 노력이 필요합니다. 이해하고 친절하게 대하고 격려하는 마음을 갖는 것이 필요합니다. 친절하게 대하면 마음의 변화를 볼 수 있습니다.

자비심이 세상에서 가장 중요하다는 것을 잊지 마세요. 자비심이 없으면 행복할 수 없고 자비심 그 자체가 행복입니다.

✦ **마음훈련 5절**

남이 질투 때문에
나를 비방할 때
패배 내가 지니고
승리를 남에게 바치게 하소서
When others, out of jealousy
Treat me wrongly with abuse, slander, and scorn,
May I take upon myself the defeat
And offer to others the victory.

마음훈련 핵심이 들어 있는 구절입니다. 우리는 평생 남한테 지지 않고 이기려고 노력하며 살아갑니다. 다른 사람과 갈등이 있을 때 내 의견, 내 입장만 생각하는 게 올라옵니다. 그리고 그것을 붙잡습니다. 감정이 올라올 때는 뭐가 옳고 그른지 헤아리지 못하고 내 입장만 주장하는 경향이 있습니다. 질 수 없다고 생각하게 되면 객관적인 상황을 보지 못하고 내 생각이 맞다고 온갖 근거를 만들어 증명하려고 합니다.

지는 것이 3천 번 절하는 것보다 훨씬 어렵습니다. 지는 것도 연습이 필요합니다. 이기려고 하면 나도 지고 남도 지게 됩니다. 각자 내가 옳다는 생각을 붙잡고 있을 뿐입니다.

다섯 번째 구절은 상대방이 옳고 내가 그르다고 하라는 것이 아닙니다. 둘 다 자기 처지에만 집착하기 때문에 둘 다 틀린 것입니다.

자기 처지만 고집하는 상황이 참 많습니다. 하루에도 몇 번씩 갈등을 겪습니다. 이럴 때마다 자신의 마음을 보세요. 알아차리고 객관적이고 지혜롭게 파악해야 합니다. 이것이 패배를 내가 지니는 것입니다. 지는 법을 배울 수 있다면 승리를 남에게 바칠 수도 있습니다. 내 입장을 내려놓을 수 있다면 상대방의 입장을 이해할 수 있습니다. 상대방도 아집으로 괴로워하고 있습니다. 인생의 행복은 자비심에서 나옵니다. 자비심을 가지면 모든 것이 이루어집니다.

내가 어떻게 패배를 지닙니까? 내가 틀리고 상대방이 옳다는 말은 아닙니다. 사람 사이에 갈등이 있을 때 한 사람이 져야 갈등이 풀립니다. 진다는 말은 내 입장을 고집하는 생각을 내려놓는다는 뜻입니다. 보통 누가 우리를 모욕하거나 무시하면 자신을 보호하려고 하는 생각들이 일어납니다. 늘 우리 입장만 보는 좁은 견해를 고집합니다. 그러면 상황을 객관적으로, 전체적으로 보지 못합니다. 우리 입장만 고집하는 생각을 내려놓는 것이 패배를 내가 지닌다는 말입니다.

고집을 내려놓을 수 있으면 상황을 현명하게 전체적으로 볼 수 있습니다. 다른 사람도 이해할 수 있게 됩니다. 승리를 남에게 바친다는 말은 상대방의 입장을 공감하는 것을 의미합니다. 상대방이 옳다는 말은 아닙니다. 상대방의 입장을 이해하는 것입니다. 상대방이 왜 화가 났는지, 왜 나를 모욕하는지 이해하는 것입니다. 그리고 공감하고 자비심을 가지는 것입니다. 그 사람도 본인의 번뇌 때문에 자기 입장을 주장하고 안 좋은 행동을 하는 것입니다. 이런 안 좋은 행동에서 벗어나서 다른 행동을 하면 얼마나 좋을까 하는 자비심을 내는 것이 승리를 남에게 바친다는 의미입니다.

다른 사람의 행동을 바꿀 수는 없습니다. 오직 내가 패배를 지니고 승리를 남에게 바칠 때 바뀔 수 있습니다.

✚ **마음훈련 6절**

희망 기대 갖고서
내가 많이 도와준 이가
나를 해쳐도
선지식으로 모시게 하소서
When someone whom I have helped,
Or in whom I have placed great hopes,

이기려고
하면
나도 지고
남도 집니다

↓

갑자 내가
옳다는 생각
때문입니다.

Mistreats me in extremely hurtful ways,

May I regard him still as my precious teacher.


살면서 많이 도와준 이들이 있나요? 믿고 오래 사귀었으며, 희망과 기대를 많이 한 사람이 있나요? 남편이나 아내일 수도 있고 자식, 동료, 직원, 친구일 수도 있을 겁니다. 잘 지내 온 어떤 사람이 나를 배신할 때, 마음을 아프게 할 때, 나를 안 좋게 대할 때, 지금까지의 은혜는 잊어버리고 갈등이나 잘못 때문에 나를 원망하게 되면 어떤 마음이 드나요? 대부분 실망하고 원망하고 낙담하게 됩니다. 미운 마음도 듭니다. 하지만 그 아픔과 상처 때문에 수행을 하게 되고 결국 참된 행복을 찾게 됩니다. 이런 사람이 없으면 행복하게 살 수 있다고 생각하겠지만 그 행복은 가짜 행복입니다. 언젠가는 고통으로 변할 수 있는 행복입니다

고통이 많은 사람이 복이 많은 것은 바로 수행을 하고 싶은 마음이 들기 때문입니다. 극단적으로 행복한 사람, 극단적으로 불행한 사람은 수행할 마음이 없습니다. 그런 면에서 우리가 가장 행복한 사람이라고 할 수 있겠지요.

수행하겠다는 마음을 내는 것은 상처를 준 사람 때문입니다. 고통스러우니까 고통에서 벗어나고 싶어서 수행을 하게 됩니다. 많은 부인들이 남편 때문에 명상을 시작합니다. 남편이 자신의 삶을 힘들게 해서 수행을 하게 됩니다. 수행의 원인, 참된 행복에 갈 수 있게 하는 원

인이 바로 남편입니다. 입에 쓴 약이 몸을 치유하듯이, 수행으로 변화가 일어나면, 그 원인이 되는 사람에게 고마워해야 합니다. 그 사람을 안쓰럽게 여기고, 자비심을 내야 합니다. 이것이 수행의 가장 큰 혜택입니다. 우리를 해치는 사람까지도 용서하는 자비심의 마음을 갖게 되는 것이지요.

'차를 운전하고 가는데 나한테 욕을 하더라. 그런데 나는 화가 나지 않고 안쓰러운 마음이 들었어.' 이렇게 수행으로 변화가 생겼다고 이야기하는 분이 있습니다. 마음공부 덕분입니다. 처음에는 어떻게 이런 마음이 들 수 있을까 의문이 들 것입니다. 다른 사람이 내 마음을 건드리면, 잠깐이라도 무시하거나 욕하게 되는데 어떻게 변할 수 있단 말인가, 그 사람을 용서할 수 없다는 마음이 듭니다. 우리 입장만 고수해온 습관 때문입니다. 딱딱한 집착 때문입니다. 수행을 한다는 것은 유연해지고 고집을 내려놓게 되는 일입니다.

수행의 초보자는 마음이 딱딱하고 자아가 예민한 상태입니다. 이럴 때 어떻게 대처할 수 있을까요? 아픔을 치유할 수 있는 두 가지 방법은 용서와 수행입니다. 아픔을 치유하는 과정에서 나만 아끼는 마음을 피하지 않고 바로 보는 것입니다. 오랜 습관을 바꾸려면 우리에게 상처를 주는 사람을 용서하는 것입니다. 용서와 수행으로 아픔을 치유하는 것, 그래서 상처를 주는 사람이 바로 나의 선지식입니다.

구름이 하늘에서 생기고 다시 하늘에서 흩어지듯이 '나'를 보호하려고 하는 마음도 흩어지게 지켜보세요. 억울하다고 생각하는 마음에 무엇을 더 보태지 않으면 큰일이 되지 않고 상대방 앞에서 부끄럽지 않습니다.


✤ **마음훈련 7절**


직접 간접적으로
중생께 행복 바치고
모든 고통을 내가
은밀하게 받게 하소서
In brief, may I offer benefit and joy
To all sentient beings, both directly and indirectly,
May I quietly take upon myself
All pain and suffering of living beings.


우리들 대부분은 나만 아끼고 모든 중생은 무시하고 사는 습관이 있습니다. 물론 우리가 사랑하고 돌봐 주면서 잘 대해 주는 사람도 있지요. 예를 들면 부모님이나 배우자, 자식들입니다. 이 마음은 특별한 것이 아니고 당연한 것입니다. 개나 소 같은 동물도 새끼를 아낍니다. 우리가 누군가를 아끼고 사랑하는 범위가 사실 매우 좁습니다. 수없이 많은 다른 사람들을 상관하지 않고 지냅니다. 이것은 부처님의 연기법

안 되겠다, 내 마음 좀 들여다봐야겠다

과 반대되는 삶입니다. 연기법으로 보면 우리는 모든 사람과 연결되어 있고 그 연결성 때문에 책임이 있습니다. 그런데 그 책임을 모르고 삽니다. 오로지 내 가족만 아끼고 삽니다.

치킨을 먹다가 텔레비전에서 누가 죽은 이야기를 보면 잠깐 슬퍼하겠지만 먹던 치킨을 계속 먹습니다. 우리의 습관은 자신을 아끼고 다른 사람의 고통은 상관하지 않고 사는 것입니다.

일곱 번째 구절은 다른 사람들에게 우리의 좋은 것을 다 주는 것, 보시하는 것입니다. 나누는 마음, 주고 싶은 마음, 이 마음의 용기를 기르기 위한 구절입니다

외로움이나 슬픔 같은 고통이 있을 때 슬퍼하기 싫은 마음이 든다면 거기에서 벗어나고 싶어 하는 것입니다. 이럴 때 나와 똑같이 이 순간에 슬픔을 겪고 있는 사람이 얼마나 많을까, 그들도 이 슬픔에서 벗어나기를, 이 수많은 존재들도 나와 똑같이 슬픈 마음에서 벗어나고 싶을 것이다, 이 수많은 중생들이 슬픔에서 벗어나면 얼마나 좋을까, 빨리 벗어나기를 바라는 마음을 가져 보세요. 그런 자비심을 가지게 되면 고통이 사라집니다. 왜냐하면 슬픔과 자비심은 동시에 있을 수 없기 때문입니다.

누구나 다 힘들어합니다. 어떤 고통은 뼛속까지 배어 있듯 사무쳐 있습니다. 이렇게 삶이란 어렵다, 이것이 정상이다, 그럴 수밖에 없다고 인식해 보세요. 모든 중생이 고통에서 벗어나길 바라고 이 슬픔을 경험하는 것으로 다른 이의 슬픔이 내게 오기를, 내가 그분들의 슬

폼을 대표로 받을 수 있다면 내가 받겠다는 용기를 낼 수 있다면 슬픔에서 벗어날 수 있습니다.

물론 내가 그 고통을 받겠다고 해서 실제 받을 수 있는 것은 아닙니다. 하지만 그 용기를 가질 수 있다면 우리만 아끼는 마음, 그 마음에서 오는 두려움에서 벗어날 수 있습니다.

화날 때, 답답할 때, 슬플 때, 불안할 때, 고통을 겪을 때 "나랑 똑같이 이런 고통을 겪는 사람들이 얼마나 많을까? 그 사람들의 마음이 얼마나 고통스러울까? 내가 이 고통으로 인하여 그들의 고통을 없앨 수 있으면, 내가 이 고통을 그들 대신 받을 수 있다면, 그들이 고통스런 마음에서 빨리 벗어나길, 모든 존재들이 모든 고통에서 빨리 벗어나길." 이렇게 함으로써 우리의 고통을 자비심으로 탈바꿈할 수 있습니다. 고통도 좋은 점이 있습니다. 오만을 없애고 다른 사람의 고통을 이해할 수 있고 수행으로 자신을 바꾸고 싶은 마음이 듭니다.

티베트 전통 자비 수행법에 통렌 수행이라고 있습니다. 통렌 수행은 로종 수행 중에서 가장 대표적인 수행입니다. 모든 큰스님들은 바로 이 통렌 수행을 하신 분들입니다. 달라이라마 존자님도 통렌 수행이 당신이 하는 수행 가운데 중요한 수행이라고 하셨습니다.

'통'은 준다는 뜻이고 '렌'은 받는다는 뜻입니다. 그러니까 주고받는 수행이라는 뜻입니다. 무엇을 줄까요? 우리의 좋은 점, 좋은 것이라면 모두 주는 것입니다. 우리가 가지고 있지 않은 것도 좋은 것이라면 모두 주는 것입니다. 무엇을 받을까요? 다른 사람의 고통, 안 좋은 것을 받는 것입니다.

어떤 사람은 다른 사람의 고통을 받으면 자신이 아프다고 말하는데 그렇지는 않습니다. 자기 자신만 아끼는 습 때문에 병이나 아픔이 있다고 느낍니다. 고통은 자발적으로 받으면 견딜 만합니다. 고통을 싫어해서, 고통에 대한 습관 때문에 아픈 것입니다.

물론 실제로 다른 사람의 업을 받는 것은 불가능한 일입니다. 하지만 그런 마음을 가지면 두려움이 없어지는 혜택이 있습니다. 자기 자신을 아껴서 자기가 어떻게 될까 봐, 아플까 봐 두려운 마음이 생기는데 다른 사람의 고통을 자발적으로 받겠다는 마음이 있으면 두려움이 없어집니다. 통렌 수행을 해서 마음이 괴롭다면 다른 사람의 고통을 받아서 그런 것이 아니라 두려움이 일어나서 아프다는 것을 이해해야 합니다.

주변 사람 가운데 평소에 가장 고통스러운 사람을 떠올려 통렌 수행을 해 보겠습니다.

그 사람의 고통을 내가 대신 받았으면, 그 사람이 고통에서 벗어났으면 하는 마음으로 숨을 들이마십니다. 숨을 들이마실 때 까만 연기로 그 사람의 고통이 들어옵니다. 나만 아끼는 마음이 녹습니다. 까만 연기를 우리들 본성의 빛으로, 하얀 빛으로 탈바꿈하여 숨을 내쉽니다. 하얀 빛이 그 사람 몸으로 들어가, 그 사람 몸으로 흡수되어 그 사람이 행복해져서 기뻐한다고 상상합니다.

앞에 있는 사람의 두려움, 망상, 외로움, 괴로움이 그의 몸에서 다

나온다고 생각해 보세요. 그렇게 하면서 그 사람의 고통이 가벼워진다고 생각해 보세요. 이런 과정을 통해 우리만 아끼는 마음이 다 녹아 버린다고 생각해 보세요. 하얀 빛이 힘과 기쁨이 되어 상대의 몸으로 흡수된다고 생각해 보세요. 돈, 희망, 행복, 건강……. 어떤 것이든 다 준다고 생각해 보세요.

모든 두려움, 고통, 슬픔, 통증과 병, 망상, 쓸데없이 마음으로 만든 문제들이 까만 연기로 나와서 내 몸에 흡수되어 나만 아끼는 마음이 다 녹아 버린다고 상상하세요. 우리의 불성에서 하얀 빛이 나와서 그 사람의 모든 구멍으로 흡수되어 하얀 빛이 그 사람 몸에 가득 차서 행복해진다고 생각하세요. 하얀 빛이 들어갈 때 자신감, 희망, 조건 없는 사랑과 기쁨, 건강을 아낌없이 준다고 생각하세요.

물질적인 것과 어떤 성품까지 필요한 것이라면 다 준다고 상상합니다. 배고픈 사람에게는 음식을, 고단한 사람한테는 쉴 수 있는 침대를, 하얀 연기로 필요한 것들을 모두 준다고 상상합니다. 그리고 두려움이 없어지는 것을 상상합니다. 분노를 흡수해서 마음이 편안해집니다. 법을 아는 지식이 생기고, 우리 안에 있는 좋은 것을 그 사람에게 준다고 생각하세요. 잘하는 것을 준다고 생각하세요. 마음의 불편함과 몸의 불편함이 모두 사라져 가벼워진다고 생각하세요. 하나도 남김없이 그분에게 준다고 생각해 보세요.

통렌 수행을 할 때마다 숨을 들이마시거나 내쉬면서 하지 않아도 됩니다. 그저 상상만 해도 됩니다.

세속 8풍에 물 안 들고

모든 현상 환영인 줄 알고

집착 안 하여

중생 해탈하게 하소서

May all this remain undefiled

By the stains of the eight mundane concerns;

May I and all beings, recognizing all things as illusion,

Devoid of clinging, be released from bondage.


우리는 여덟 가지의 세속적인 바람 때문에 힘들게 살아갑니다. 세속 8풍이란 돈과 빈곤(이익과 손해), 즐거움과 괴로움, 칭찬과 비난, 명예와 불명예에 대한 갈망입니다.

돈을 갈망하면 돈에 대한 욕심이 생깁니다. 돈을 원하면 가난을 두려워하고 거부합니다. 육체적 쾌락, 즐거움을 갈망하면 통증, 고통, 병을 두려워합니다. 칭찬을 갈망하고 좋아하면 비난이나 구박받는 것을 두려워하고 거부합니다. 명예와 명성을 추구하면 불명예, 좋지 않은 평판을 두려워하게 됩니다. 따라서 행복하지 못하고 평화를 찾지 못합니다.

우리는 일반적으로 돈이 행복을 가져다줄 줄 압니다. 칭찬받으면,

명성을 얻으면 행복하다고 생각합니다. 사실 저도 그렇습니다. 어느 절에서 나이든 보살님이 저를 보고 잘생겼다고 한 적이 있었는데, 두어 달은 행복했습니다. 반대로 누가 안 좋은 말을 해서 또 두어 달 괴로워한 적도 있습니다.

어느 한 가지를 너무 좋아하거나 두려워하는 것이 기본적인 습관입니다. 좋고 나쁘고 하는 기본 습관이 강할수록 우리 마음은 불안정하고 불안하며 고통이 많습니다. 기본 습관이 적을수록, 습관에서 벗어날수록 두려움도 적어지고 만족감과 행복감이 더 커집니다.

큰스님들은 명성이나 쾌락, 칭찬을 원할까요? 전혀 그렇지 않습니다. 비방이나 명예롭지 못한 것을 두려워할까요? 전혀 그렇지 않습니다. 그 대신 내면의 평화, 움직이지 않는 행복, 고요함이 있습니다.

세속적인 욕심에 대한 관심이 떨어지면 참된 행복으로 가고 싶은 마음이 생깁니다. 세속 8풍이 환영이라는 것, 갈망하는 모든 것이 실제로 존재하지 않는다는 것을 알아야 합니다. 꿈속에서 분명히 겪은 것 같지만 꿈을 깨고 나면 아무것도 없는 것과 같습니다.

공성을 가장 잘 비유한 것이 꿈입니다. 큰스님들에게는 이 삶과 꿈이 별 차이가 없다고 합니다. 큰스님들은 공성을 깨우쳤기 때문에 이 삶의 모든 경험이 꿈에서 경험하는 환영과 같다는 것을 압니다. 그래서 돈과 명성에 집착하지 않습니다. 꿈속에서 부자가 됐을 때 꿈이라는 것을 모르면 희열을 경험하겠지만 꿈이라는 것을 알면 돈에 대한 집착이 없을 겁니다. 꿈에서도 고통과 행복, 슬픔, 두려움과 분노를 경험합

수행은
삶을 바꾸는 것이
아닙니다.

수행은
삶이 이미
완벽하다는 것을
이해하는 것입니다.

니다. 하지만 꿈이잖아요. 꿈이니까 전혀 중요하지 않잖아요. 삶도 마찬가지입니다. 실상은 공성입니다. 꿈처럼 경험은 할 수 있지만 실체는 없습니다. 공성을 깨우치면 더 이상 고통을 받지 않고 집착이 없어집니다. 모든 것이 환영인 것을 알면 좋은 것을 바라지 않고 나쁜 것이라고 두려워하지 않습니다. 마치 영화를 즐기듯이 이 삶도 가볍게 즐기게 됩니다. 그리고 꿈이라는 것을 모르는 사람에게 공성을 보여 주고 싶어 합니다.

마음훈련 8구절만 잘 수행할 수 있다면 다른 사람을 정말 잘 이해할 수 있게 될 것입니다. 인간관계가 좋아지고 마음이 많이 편안해질 것입니다. 그래서 몸도 건강해지고 마음은 치유가 될 것입니다. 8구절에 대한 이해가 깊어질수록 지혜와 자비도 깊어질 것입니다. 마음훈련 8구절을 날마다 외우고 짧게라도 의미를 생각해 보세요. 어려움을 겪을 때마다 힘이 되고 나침반이 되어 줄 것입니다.